Daniel Gerber

# Mir blieben nur Gebet und Tränen

## Der Autor

Daniel Gerber ist freier Journalist und Redakteur (unter anderem für die Berner Zeitung, ERF, Radio 32 und Livenet.ch) sowie Buch-Autor (*Esoterik – die unerfüllte Suche*, *Fünfzehn Dollar für ein Leben*). Er ist verheiratet mit Irene und wohnt in der Nähe von Bern. Für den Brunnen Verlag und dessen Buchaufträge besuchte er bereits den Sudan (Afrika) und den Gazastreifen (Israel/Palästina).

Daniel Gerber

# Mir blieben nur Gebet und Tränen

*Christliche Frauen und Mädchen in der islamischen Welt: Sie werden entführt, an Muslime verschachert und dann für immer weggesperrt. Und die Bedrohung in der Zwangsehe ist allgegenwärtig: «Wenn du gehst, bist du tot!» Doch ein paar pakistanische Christen schauen nicht weg und kämpfen für sie unter Einsatz ihres eigenen Lebens …*

BRUNNEN
VERLAG BASEL · GIESSEN

**Bibliografische Information der Deutschen Bibliothek**
Die Deutsche Bibliothek verzeichnet diese Publikation in der Deutschen Nationalbibliografie; detaillierte bibliografische Daten sind im Internet über http://dnb.ddb.de abrufbar.



Umschlaggestaltung: Waterproof Grafikdesign, Ingo Riecker, Neuffen
Fotos Umschlag: Strandperle Medien Services, Hamburg
Fotos Innenteil: Daniel Gerber
Satz: InnoSet AG, Justin Messmer, Basel
Druck: Aalexx, Großburgwedel
Printed in Germany

ISBN 978-3-7655-4127-8

# Inhalt

# Vorwort

Plötzlich wird mein Schlafgemach für Sekundenbruchteile hell erleuchtet, dann erschüttert ein rollender Donner meine sowieso schon zum Zerreißen gespannten Nerven. Ein gespenstisch heulender Wind rüttelt an den Fenstern und Türen. Der Regen dagegen hält sich zurück, dieser entlädt sich in der Innenstadt; unser Viertel hier draußen wird vom Nass nur am Rande gestreift. Das Gewitter, das sich am Himmel aufgebaut hat, vermag selbst in der vorgerückten Nachtstunde kaum zu kühlen, und der Ventilator steht still, weil der Strom ausgefallen ist. Etwas, das täglich mehrfach geschieht.

Ein dumpfes Angstgefühl lässt mich immer wieder aufschrecken, wenn die Naturgewalten ein Tor in seinen Angeln beben und vibrieren lassen und Palmen wie Fächer hin und her schwingen.

Es ist nur wenige Tage her, seit Terroristen hier in Lahore zwei Moscheen einer muslimischen Minderheit in die Luft sprengten. Etwa einhundert Menschen überlebten dieses heimtückische Attentat nicht. Auch die christliche Gesellschaft ist Zielscheibe der Wut ergrimmter islamischer Geistlicher, die alles, was nicht ihrer Denkweise entspricht, bis aufs Blut verfolgen.

So geschehen im Jahr zuvor, als in Gojra und Korian Imame die Anwohner aufhetzten und behaupteten, ein Christ hätte sich blasphemisch verhalten. Etwas, das sowohl die islamischen Geistlichen verurteilen wie auch die pakistanische

Rechtsprechung (siehe die Blasphemie-Paragraphen im Anhang). Im Falle dieser beider Ortschaften rottete sich eine Meute, ein lynchwütiger Mob, zusammen. Rund fünfzig Häuser von Christen wurden geplündert und abgefackelt, mehrere Menschen wurden in ihrem Eigentum bei lebendigem Leib verbrannt. Solche Zusammenrottungen von manchmal hundert und mehr Menschen sind in Pakistan und auch in anderen islamischen Staaten keine Seltenheit.

Diese Gedanken durchzucken mich beim Krach des tobenden Unwetters. Das Haus fällt äußerlich zwar nicht sonderlich auf, wäre aber zweifelsohne ein rasch gewähltes Ziel für Fundamentalisten: Es ist ein Frauenhaus, in dem mehrere junge Frauen untergebracht sind, die aus Zwangsehen entkommen konnten. Es handelt sich hierbei um pakistanische Christinnen, die entführt worden waren, dann unter Druck (nur zum Schein) zum Islam übertraten und schlussendlich mit einem muslimischen Mann verheiratet wurden.

Irgendwann ist der Wolkenbruch mit seinen brachialen Tonlagen abgezogen – und mit ihm die beunruhigenden Gedanken. Freilich sind die lähmenden Probleme geblieben, und genau wegen diesen bin ich hier.

Den Stein ins Rollen gebracht hatte vor etlichen Jahren der Bericht über eine junge Christin namens Tamaras. Sie arbeitete im Haushalt eines vermögenden Muslims, der sie mehrfach vergewaltigte. Doch sie sollte nicht zu ihrem Recht kommen, da sie vor Gericht chancenlos war.

Im inzwischen etwas abgeänderten Recht (Details im zweiten Teil des Buches) ist festgehalten, dass der muslimische Vergewaltiger einer Nicht-Muslimin nur dann verurteilt werden kann, wenn vier dem Islam angehörende Männer, die zudem einen guten Ruf genießen, als Zeugen auftreten. Das heißt im Klartext: Eine Frau muss also vier

Männer finden, die dabei zuschauten, wie sie missbraucht wurde. Das entbehrt jeder Logik, zumal Herren mit gutem Leumund ja wohl kaum tatenlos zuschauen würden …

Die besagte Frau treffe ich auf meinem Trip nicht, sondern viele andere Menschen, deren Rechte vom System gebeugt wurden. Mehrere Wochen verbringe ich im Büro der Anwaltsfirma CLAAS (Center for Legal Aid Assistance & Settlement), die der Menschenrechtler Joseph Francis gegründet hat, um den Minderheiten seines Landes mit Rechtshilfe beizustehen. Es sind Hunderte von Fällen, die seine Anwälte in all den Jahren nun vertreten haben. Unermüdlich setzen sie sich ein, dass die Armen und Ausgenutzten von den Mühlen der Justiz nicht zermahlen werden, sondern zu ihrem Recht kommen.

Dank der Vermittlungsarbeit von CLAAS fassen die interviewten Frauen recht schnell Vertrauen zu mir, und sie hoffen, dass durch ihr Erleben und Erzählen andere Frauen vor der gleichen Situation bewahrt werden und das lebensfeindliche System ihrer Nation eine Änderung erfährt. Die Interviews werden allesamt im Büro der Firma aufgezeichnet. Die Lage der Frauen ist noch lange nicht gut, und für Teena (die Erste der Porträtierten) wäre es beispielsweise nicht möglich, in ihr Vaterhaus zurückzukehren. Sie würde den nächsten Morgen kaum erleben.

Was unglaublich klingt, wird verständlicher beim Blick auf die pakistanische Realität: Am 4. Januar 2011 wurde der Muslim Salman Taseer erschossen. Er war Gouverneur der Provinz Punjab, die das bevölkerungsreichste Gebiet des Landes ist. Taseer setzte sich für eine junge Frau namens Asia Bibi ein, die wegen angeblicher Blasphemie zum Tode verurteilt worden war. Der Politiker lehnte diese bizarren Paragraphen ab und besuchte Bibi bereits im November 2010 im Gefängnis, um seine Solidarität zu unterstreichen. Erschossen wurde Taseer von einem Sicherheitsmann, der eigentlich als Bodyguard zu seinem Schutz abgestellt worden war. Besonders niederschmetternd ist, dass der Mörder danach überall als Held gefeiert wurde.

Bibi fühlt sich im Gefängnis überhaupt nicht sicher. Mehrfach wurden Menschen, denen ein gleiches «Verbrechen» zur Last gelegt wird – selbst wenn die Begründung noch so abenteuerlich oder gar offensichtlich falsch ist –, in der Haft oder beim Verlassen des Gerichtsgebäudes umgebracht.

Auch wenn Pakistan ein Land zum Verlieben ist mit vielen liebenswürdigen Menschen, köstlichem Essen, einer atemberaubenden Natur und pulsierenden Städten: Es gibt einige Baustellen, die nicht gutmenschlich-naiv vom Tisch gefegt oder bagatellisiert werden dürfen. Die kitschig-bunten Trucks, die breiten Alleen und die Händler am Straßenrand sorgen für eine optische Idylle. Aber der enorme Druck, die Wirren und der Terror knechten die Menschen. Deshalb ist es nur richtig, in der freien Welt die Stimme für jene zu erheben, die in Pakistan keine Stimme haben. Damit ihr Leben ein wenig «idyllischer» werden kann.

Daniel Gerber

# Intro: Minderheiten an die Wand gedrückt

«Dann mache ich dich fertig!», brüllt Qaiser über die Schulter zurück und dreht die rechte Hand nach unten. Der 125ccm-Motor der roten Honda heult auf, die Maschine schießt nach vorne, das Vorderrad hebt ab.

Die schwangere **Teena** verliert den Halt und fällt schreiend aufs warme Pflaster.

Entsetzt eilen Passanten der werdenden Mutter zu Hilfe, während ihr Mann die Maschine wendet und desinteressiert wieder zurückfährt. Er steht der jungen Frau nicht bei, die von Glück reden kann, dass nur wenige Rikschas, Autos und Motorräder unterwegs sind. Die Herbeigeeilten vermuten einen Unfall und ahnen nicht, dass Qaiser seine Gemahlin absichtlich in Lebensgefahr gebracht hat.

Teena wollte nicht mit diesem Mann leben; man hatte die Christin entführt, hatte sie gezwungen, den Islam anzunehmen, und unter allerhand Drohungen in diese Ehe genötigt. Würde sie nicht gehorchen, dann würde nicht nur sie selbst sterben, sondern auch ihr Vater und ihre Geschwister wären in Todesgefahr. Oder man würde ihren Vater der «Blasphemie» anklagen. Damit verliert man im heutigen Pakistan den Boden unter den Füßen – und manchmal auch das Leben. Egal, wie offenkundig falsch die Anklage auch sein mag. Die aufstrebenden, brachialen Kräfte im Land drängen insbesondere die Angehörigen der Minderheiten rücksichtslos an die Wand.

✦✦✦

Das Baby fest an sich gedrückt, schob **Maria** geräuschlos die Tür auf, schlüpfte hinaus und ließ sich von der Dunkelheit verschlucken. Endlich, nach etlichen missglückten Versuchen, nach mehr als einem Jahr der Schläge und der Unterdrückung, konnte die immer noch minderjährige, blutjunge Mutter die Freiheit riechen. Zu lange hatte sie bei dieser Familie gelebt.

Entführt hatte man sie, der Imam hatte den unfreiwilligen «Übertritt» zum Islam mit einem Zertifikat belegt und die «Heirat» mit einem doppelt so alten Kerl bescheinigt.

Eines Nachts, die Eingangstür war bereits verschlossen, hatte sie den Hausschlüssel entdeckt. In den frühen Morgenstunden, während das Viertel im Tiefschlaf lag, eilte sie zu einer Kreuzung, wo ein paar Rikschas standen. Doch das Geld würde kaum für die wenigen Kilometer reichen und erst recht nicht für die dreistündige Fahrt von Gujranwala nach Lahore.

Tränen schossen dem Teenager in die Augen, und zu allem Unheil erkannte sie nun auch den Mann auf der gegenüberliegenden Straßenseite: ein älteres Mitglied des Clans auf dem Weg zum Frühgebet in die Moschee. Er war stehen geblieben. Und er blickte direkt zu ihr herüber …

✦ ✦ ✦

Teena und Maria – sie stehen für ungezählte Frauenschicksale. Und sie haben auf dieser Welt kaum Anwälte, die für sie sprechen. Viel lieber wird der Blick abgewendet. Doch verklärendes Beschönigen ist ebenso fehl am Platz wie das gewohnte salbungsvolle Palaver.

✦ ✦ ✦

Auch **Asia Bibi** steht für viele andere. Nach einem harmlosen Streit steht eine tobende Meute um sie herum, darunter islamische geistliche Würdenträger, die unaufhörlich Öl ins Feuer gießen. Die zierliche Frau wird verhaftet. «Blasphemie» lautet die Anklage, die sie aber stets bestreitet. Mehr als ein Jahr lang bleibt sie eingekerkert, nie wird sie vernommen, das Gericht verurteilt sie zum Tod durch den Strang.

Hunderte darben wie sie. Endlich aber ist in der freien Welt ein Aufschrei zu hören. Menschenrechtler fordern die Begnadigung Asia Bibis, und in einem öffentlichen Appell setzt sich auch der Papst für die Freiheit der Christin ein. Weniger tolerant zeigen sich islamische Geistliche: Auf keinen Fall dürfe sie freikommen. Der Vorbeter der historischen Mohabat-Khan-Moschee in Peschawar setzt sogar ein Kopfgeld von 500 000 Rupien auf die Beschuldigte aus.

# Teena – ihr Mann trachtet ihr nach dem Leben

Ihre späteren Jugendjahre hat Teena in einem kleinen roten Backsteinhaus verbracht, das sie selbst mitgebaut hatte und wie es sie in Lahore, im Norden Pakistans, zu Tausenden gibt. Als Teenager saß sie den Tag hindurch in der Schule. Abends stakste sie auf der staubigen Baustelle umher, schleppte Backsteine und befolgte die Anweisungen des Vaters. Alle packten mit an, und so konnte die Familie, die finanziell eher bescheiden ausgestattet war, etliche Rupien sparen. Denn dank dieser Eigenleistung mussten nur zwei Arbeiter angeheuert werden.

Damit das Flachdach stabil blieb, wurden Eisenrohre verlegt, um die herum dann die Decke mit einem Gemisch aus Stein, Zement und einer Art Kies ausgekleidet wurde. Ein solides Dach ist in diesen Breiten unabdingbar, da sich ein Teil des Lebens darauf abspielt. Im Sommer schlafen manche dort oder hängen ihre Wäsche auf.

Die Sippe war in der vorteilhaften Lage, eine Küche bauen zu können; viele haben zwar eine, aber längst nicht alle. Wer einen solchen Einbau nicht zu finanzieren vermag, kocht vor dem Haus mit einem Feuerchen. Eine Küche besteht hier meist aus einer Gas-Kochnische, einer Spüle und ein paar Regalen.

Sauber und komfortabel war der Waschraum. Das Wasser floss aus einem Tank auf dem Dach, ausgelöst durch ein Zugsystem. Die Toilette war im indischen Stil gestaltet. Das heißt: Dort, wo man sich im Westen hinsetzt, geht man bei diesen orientalischen stillen Örtchen in die Hocke und tut, was zu tun ist.

An den Waschraum grenzten zwei Zimmer mit Möbeln, Tischen und je einer Couchgarnitur, auf der man tagsüber saß und nachts schlief – die Männer im einen der beiden Zimmer, die Mädchen im anderen. Im Sommer übernachtete die Familie auf dem Dach.

Das Haus war klein, doch ein stattliches Stück Land ist teuer. Für eine eher arme Familie ist es eine große Sache, vier eigene Wände mit zwei Zimmern, einem Bad und einer Küche zu haben.

Wie die Könige fühlte sich die Sippe, als die Bleibe schließlich fertig war, zugleich war sie aber auch tief betrübt, dass Teenas Mutter die Vollendung nicht mehr miterleben durfte und mitfeiern konnte. Sie verstarb in der Zeit, als die Mauern errichtet wurden.

Teena wohnte schließlich mit einer Schwester, zwei Brüdern und ihrem Vater im neuen Heim, die beiden älteren Schwestern waren verheiratet. Glasfenster und eine Eingangstür hatte das Haus nicht, was ebenfalls keine Seltenheit war. Die Menschen sind schon froh, wenn sie überhaupt etwas Eigenes haben.

Zeichnen war Teenas liebste Beschäftigung, besonders gerne malte sie Szenen der Natur. Sie skizzierte die Pflanzen- und Tierwelt, «gerade so, wie ich sie mir in meiner Fantasie vorstelle. Ich liebe fließendes, kühles Wasser, deshalb zieht auf meinen Bildern oft ein Fluss an Bäumen und Palmen vorbei. Auf den Wellen dümpelt ein Segelboot, unbeschwert kreisen ein paar Vögel darüber, und im Hintergrund türmen sich einige Berge auf, die ich ebenfalls sehr gerne habe. Wenn ich auf einem Motiv oder im Fernsehen Naturbilder sehe, zeichne ich die auch gerne nach».

Als Mädchen durchlief sie die gewöhnliche Schulbildung. Dass sie musisch begabt ist, bezeichnet sie als ein Geschenk Gottes – und auch, dass sie später als Lehrerin Kinder künstlerisch unterrichten konnte.

Vier Jahre tat sie dies mit großer Freude, und sie würde es noch heute tun, wenn sie nicht jenes Unheil ereilt hätte, dem hier in Pakistan die Angehörigen religiöser Minderheiten zunehmend zum Opfer fallen, insbesondere jene der Christen und der Hindus.

Aber verweilen wir noch einen Augenblick in jener Zeit, als Teenas Welt noch in Ordnung war.

## Die Freundin aus Jugendtagen

Die Unterrichtsstätte lag nahe bei ihrem Zuhause, und sobald die Lektionen verstrichen waren, aßen die Kinder gemeinsam und erledigten ihre Hausaufgaben. Anschließend griff Teena daheim zum Zeichenstift oder spielte mit anderen Kindern Verstecken, rannte mit ihnen um die Wette oder ließ mit ihnen Drachen steigen. Es war eine unbeschwerte Kindheit.

Jeden Morgen wurde daheim «Roti» gebacken, ein Fladenbrot, das bei jeder Mahlzeit gereicht wird und das Teena nach der Schule zu essen pflegte. Im Elternhaus wurden neben dem pfannkuchenartigen Roti die typischen Gerichte aufgetischt, wie etwa «Salaan», eine Gemüsecreme, Reis, Hülsenfrüchte wie etwa «Dhal», eine Art Brei aus Bohnen, Linsen oder Erbsen, und manchmal auch Fleisch. Während Gemüse günstig ist, wird Fleisch gerade in ärmeren Gegenden nicht so oft gegessen. Schwein – das im Islam als unrein gilt – wird kaum verzehrt.

Der Schule entwachsen, ließ Teena sich zur Lehrerin ausbilden. Ihre Laufbahn begann in einer Spielgruppe. Damit die Kleinen dem Unterricht besser folgen konnten, vermittelte sie den Stoff, indem sie vieles aufzeichnete, zum Beispiel einen Apfel. Ihre Illustrationen beeindruckten das Lehrerkollegium, und bald bemerkten andere Ausbilder, dass es besser wäre, wenn sie Zeichenunterricht erteilen würde.

Andere gingen noch einen Schritt weiter und rieten, sie solle sich noch mehr Können aneignen, um dann als professionelle Künstlerin gestalterisch tätig sein zu können. Das freilich lag nicht drin, da Teena nicht die nötigen Utensilien dafür hatte. Die standen ihr nur in der Schule zur Verfügung, und dort gefiel es ihr ohnehin. Die Kinder zeichneten gerne, und auch andere Lehrer wollten sich manchmal ein paar Kniffe aneignen.

Bald unterrichtete Teena Schüler von der zweiten bis zur zehnten Klasse, in der Regel zwanzig bis dreißig Zöglinge. Zu den Sujets gehörten Cartoons, wie etwa Micky Maus oder Teddybären, am liebsten aber gestaltete Teena Naturszenen.

Als Lehrerin konnte sie mehrfach in den Norden Pakistans reisen, in die Gegend der Kleinstadt Murree, die auf 2300 Meter Höhe liegt, als beliebtes Touristenziel lockt und einen atemberaubenden Ausblick bietet. Bei guten Bedingungen sind sogar die majestätischen Gebirgsketten des Himalaya zu sehen.

Bereits seit mehreren Jahren war Teena mit dem Nachbarmädchen Sobia befreundet. Fünf Monate nachdem Teenas

Mutter gestorben war, hatten sich die beiden kennengelernt. Sobia war Moslemin, neun Jahre lang erzählte sie ihrer neuen Freundin aber nichts über den Islam. Anderes stand im Vordergrund, etwa als Sobia an ihrem Examen arbeitete. Täglich kamen sich die beiden Teenager näher, bis Sobia fragte: «Können wir nicht Freundinnen sein?»

«Du kommst täglich zu mir, um zu lernen, wir sind doch bereits Freundinnen!», erwiderte Teena.

Vorerst waren die Besuche einseitig, Sobia verkehrte immer in Teenas Haus. Später drängte sie darauf, selbst Gastgeberin zu sein. Teena aber lehnte ab, weil sie alleine daheim war. Das Haus hatte ja keine Tür, und jemand musste folglich daheimbleiben.

Lange ließ Sobia diese Ausrede aber nicht gelten: «Du kannst doch zu mir kommen, wenn deine Brüder nach dem Rechten schauen!»

Teena wollte sie aber nicht begleiten, wenn auch ohne konkret greifbaren Grund. Sie habe einfach nicht in ein anderes Haus gehen wollen, erzählt sie später.

Mit ihrer neuen Freundin erlebte sie aber viele schöne Stunden, etwa bei den Mahlzeiten. Eigentlich dürfen Nicht-Moslems nicht gemeinsam mit den «Rechtgläubigen» essen. Teena und Sobia aßen aber aus dem gleichen Teller und teilten die Küchengegenstände, was in so manch anderem Haus undenkbar gewesen wäre.

Auch Sobias Eltern versuchten den beiden diese «Unsitte» auszureden, doch Sobia setzte sich entschieden durch, indem sie den Eltern immer wieder klarmachte: «Teena ist auch ein Mensch!»

Das habe sie glücklich gemacht, sagt Teena heute. Mit der Zeit habe sie sich mit der ganzen Familie angefreundet. Oft zeichneten die beiden in der Freizeit, unter anderem Blumen für Sobias Kleider.

Nach drei oder vier Jahren erschien das Nachbarsmädchen nicht mehr so oft, dafür war Teena umso häufiger bei ihm anzutreffen. Zwar versuchte ihr Vater sie zu bremsen, und bisweilen wollten beide Familien ihre Töchter sogar voneinander trennen, doch das schweißte die beiden nur noch stärker zusammen: Sobia, die Moslemin, und Teena, die Christin. Eine, die im Gottesdienst im Chor sang und deren Vater in der christlichen Gemeinschaft sehr aktiv war, im Gottesdienst sprach und betete und, wenn Not am Mann war, auch Gemeindemitglieder daheim aufsuchte und ihnen Gebet anbot.

## Verraten

Etliche Jahre waren verstrichen, als Sobia von einem Tag auf den anderen den Islam in höchsten Tönen lobte. Immer wieder zitierte Teenas etwas jüngere Freundin Koranstellen und betonte, dass diese Religion sehr viel besser sei als das Christentum. «Nimm ihn auch an», drängte Sobia und ließ eine Menge Versprechen auf Teena einprasseln: «Dann kannst du das Paradies erreichen!»

Der Grund für Sobias plötzliche und anhaltende Überredungsversuche war im pakistanischen Nationalsport, im Kricket, zu finden. Genauer gesagt im damaligen Spitzenspieler Yousuf Youhana. Er war auch außerhalb des Spielfelds ein Hoffnungsträger, insbesondere für die christliche Minderheit, der in Politik, Gesellschaft und Sport bessere Positionen in der Regel verwehrt sind.

Kein Wunder also, dass Yousuf ein Strohhalm für die Glaubensunterdrückten war, da er nicht nur in der Liga zu den

Stars gehörte, sondern auch mit der Nationalmannschaft auflaufen durfte – als erst vierter nichtmuslimischer Kricketspieler. Seinen Glauben bekräftigte er damit, dass er sich bekreuzigte, sobald er das Spielfeld betrat. Viele Christen sahen in ihm den Durchbruch für das spannungsfreie Zusammenleben in der pakistanischen Gesellschaft und für die Religionsfreiheit.

Und dann kam der Moment, der die pakistanische Christenheit schwer erschütterte und der auch bald Teenas Leben nachhaltig auf den Kopf stellen sollte: Yousuf verkündete im September 2005 in aller Öffentlichkeit – nachdem er seinen Übertritt drei Monate lang geheimgehalten hatte –, dass er zum Islam konvertiert war.

Die Blätter und Gazetten überschlugen sich mit der sensationellen Meldung, und die moslemische Gemeinschaft feierte diesen Triumph. Nicht nur allein deswegen, weil es für sie grundsätzlich eine große Sache ist, wenn jemand zum Islam wechselt; nein, hier war sogar der Held der Christen zum Islam übergetreten.

Das Aufsehen war riesig. Mehrere Wochen rankten sich immer neue Storys um Yousuf, gekoppelt mit Aufrufen, dass doch auch die anderen bibelgläubigen Menschen den Islam annehmen sollten. Dieser sei schließlich die *wahre* Religion.

Auch die Menschen in Teenas Umgebung feierten. So etwa in der Schule, in der sie nun seit rund drei Jahren Zeichenlehrerin war. Dort witzelten die anderen Lehrer und der Schulleiter über den Glaubenswechsel des heroischen Sportlers. Eine schlimme Zeit brach für die Christenheit an, die den Schock nur schwer verdauen konnte.

Immer wieder bohrte Sobia nach und verwies auf den Kricketstar, der sich nun Mohammad Yousuf nannte. Er genoss Wohlstand und Ruhm.

«Wenn du den Islam annimmst, erhältst du das Gleiche», versprach Sobia.

«Ich war wütend, als er den Islam annahm, und der Wortschatz, den ich in dieser Situation gebrauchte, war nicht gerade sehr fein. Yousuf war für die christliche Gemeinschaft ein Held gewesen, er hätte das nicht tun sollen», erinnert sich Teena.

Sobia aber forderte sie heraus: «Du bist wütend. Aber wir werden dich eines Tages auch zum Konvertieren bringen, und du wirst eine Moslemin werden!»

Das ärgerte Teena natürlich noch mehr, und sie bekräftigte: «Das kannst du vergessen, ich werde nie eine Moslemin sein!»

In der Schule, in der Teena unterrichtete, wussten zuerst nur die Vorsitzenden, dass sie Christin war, später erst wurde auch das Kollegium informiert. Nicht einfach war es, aus den Reaktionen der Kollegen schlau zu werden. Teena wurde einerseits als Christin geschätzt, eine *wahre Gläubige* genannt und als ein Beispiel für die Schule dargestellt. Gleichzeitig musste sie sich anhören, dass sie gar nicht wie eine Christin aussehe und dass sie doch den Islam annehmen soll: «Du bist eine gute Lehrerin und ein guter Mensch, du solltest deinen Glauben wechseln!»

Auch Sobia blieb hartnäckig und versuchte Teena zu überzeugen. Manchmal meinte sie es ernst, manchmal witzelte sie auch nur. Sobias Onkel, ein Schneider, besuchte Sobias Familie oft und versuchte verschiedentlich, Teena den Islam schmackhaft zu machen.

Er sagte aber auch: «Wenn sie nicht will, dann dürfen wir keinen Druck ausüben.» Wobei er aber bald genau das tun sollte.

Die beiden lockten Teena etwa damit, dass sie einen guten islamischen Mann für sie suchen würden, wenn sie Moslemin würde. Einen aus einer reichen Familie.

Das lehnte Teena freilich rundheraus ab: «Das ist nicht der Sinn meines Lebens, dass ich mich für eine Hochzeit zum Islam bekehre! Außerdem wird meine Familie meine Hochzeit arrangieren. Ich habe kein Interesse an einem Glaubenswechsel.»

## Der Druck, Moslemin zu werden

Nachmittags um drei sang und betete Teenas Familie, was man natürlich auch im Nachbarhaus bemerkte.

«Sobia bedrängte mich, dass wir damit aufhören sollen, und sie fragte mich, warum wir das überhaupt tun», erinnert sich Teena. Sie antwortete ihr damals, dass sie damit weitermachen würden, weil sie einen tiefen Glauben haben. Lange bevor der Kricketspieler sich zum Islam wendete, war der gemeinsame Lobpreis in Teenas Haus Tradition geworden, und in früheren Tagen hatte Sobia sich noch nicht darüber beschwert. Während mehrerer Monate waren die beiden jungen Frauen nun zerstritten, der Kontakt blieb aber aufrecht erhalten.

Das Unheil begann eines unschönen Freitags. Sobias Onkel hatte einen Koran hervorgekramt und den Deckel aufgeklappt. «Schau mal, ob du das lesen kannst oder nicht», forderte er Teena auf und zeigte auf den einleitenden Text.

Erläuterungen seien das, meinte er. Die Familie schickte sich ohnehin gerade an, das Freitagsgebet zu verrichten.

«Es ist so einfach wie das Urdu-Alphabet», ermutigte sie nun auch Sobias Mutter. Gespannt schauten alle auf Teena.

Interessiert beobachteten die Anwesenden, wie Teenas Augen nun, nichts Böses ahnend, über die Schriftzeichen glitten. Diese waren in Arabisch, einige Worte sind aber in Urdu die gleichen, ebenso ist der Schreibstil in beiden Sprachen derselbe, und so begann Teena zu lesen. Da und dort «half» Sobia nach, während offenbar jemand aus ihrer Familie auf der Straße diskutierte und zunehmender Lärm entstand.

Wirklich weit war Teena noch nicht gekommen, sie war auch noch nicht so lange im Haus gewesen, da stürmte ihre Schwester herein: «Teena, komm nach Hause, Vater ruft dich!»

Doch Sobias Mutter entgegnete wie aus dem Nichts heraus: «Sie kann nicht zurück, sie hat im Koran gelesen. Sie ist nun Moslemin.»

Teena blockte ab: «Nein, nein, ich habe Auszüge aus den Erklärungen gelesen.»

Die Mutter sagte aber entschieden zu Teenas Schwester: «Sie kann nicht, ihr seid Christen. Teena kann jetzt nicht mehr mit Christen zusammenleben.»

«Das stimmt nicht, ich habe nur die Urdu-Worte gelesen und nicht den Koran! Außerdem habe ich den Islam nicht angenommen», fuhr Teena vergeblich dazwischen. Immerhin war es in der Schule normal, dass alle Kinder im Koran und in den Hadithen lesen und auch das Glaubensbekenntnis sowie andere Grundlagen des Islam studieren. Niemand war dabei auf die Idee gekommen, dass die Schüler anderer Religionen dadurch zum Islam übergetreten wären.

Unverzüglich stand Teenas Familie im Haus, doch Sobias Clan machte deutlich, dass Teena zu bleiben habe. Teenas Vater warf nun in die Waagschale, mit Sobias einflussreicher, vermögender Tante zu reden. Er erhielt aber eine simple Entgegnung: «Du kannst gehen, wohin du willst, Teena ist jetzt Moslemin und kann nicht mehr zu euch zurückkehren.»

Teenas Schwestern weinten, die Brüder resignierten, und der Vater war betrübt und deprimiert. Er wollte seine Tochter zurück, konnte aber nichts tun.

In Windeseile verbreitete sich die Nachricht im vorwiegend islamischen Viertel, Teena sei Moslemin geworden. Durch die Lautsprecher der lokalen Moschee dröhnte und schepperte die Stimme des Imams, der diese Botschaft eifrig verkündete. «Allahu akbar, Allah ist größer. Teena hat in ihrem Traum den Propheten Mohammed – Friede sei mit ihm – gesehen. Im Traum hat sie die Hadsch gemacht, die Pilgerreise. Sie ist nun eine echte und überzeugte Moslemin.»

Entsetzt hörte Teena diese komplett aus der Luft gegriffenen Behauptungen und machte gegenüber Sobias Familie geltend, dass sie etwas Derartiges nie gesagt oder erlebt hatte: «Wie könnt ihr so etwas über mich verbreiten?»

«Doch, doch, du hast diese Dinge so im Traum gesehen!»

Teenas «Konvertieren» hatte nichts mit einem Glaubenswechsel zu tun, sie hatte bloß die Beschreibung gelesen, wie man Moslemin wird und wie das islamische Bekenntnis lautet. Ihr war schleierhaft, warum nun das ganze Viertel frohlockte und feierte, dass eine Christin zu einer «Rechtgläubigen aufgestiegen» sei.

Im Handumdrehen war es ihr nun verboten, das Haus zu verlassen oder gar heimzugehen. Natürlich hätte sie bei einer passenden Gelegenheit einfach rausmarschieren können, schließlich wohnte sie ja im Gebäude nebenan. Doch die Drohung der Sobia-«Dynastie» lähmte sie: «Wenn du heimgehst, töten wir deine Familie und brennen das Haus nieder!» Außerdem wusste nun die ganze Gegend, dass Teena den Islam «angenommen» hatte. Ein Zurückgehen wäre für sie und ihre Familie lebensgefährlich gewesen.

## Drohungen gegen die Familie

Nun wurde auch Druck gegen Teenas Familie aufgebaut, denn ihr Vater war nicht bereit zu akzeptieren, dass seine Tochter regelrecht gekidnappt worden war. Er versuchte alle Hebel in Bewegung zu setzen, um sie zu befreien, doch der Mechanismus des Hebelwerks schien verschweißt und versiegelt. Vergeblich rannte er bei Polizei und Provinzregierung an, die Behörden übten sich im Nichtstun, auch wenn ihr Vater betonte, dass Teena lediglich ein paar Worte gelesen hatte und absolut nicht zum Islam übergetreten war.

Stattdessen wurde nun auch er von Sobias Familie geködert: Wenn er sein Mädchen wiederhaben wollte, müssten auch er und seine Familie moslemisch werden. Gleichzeitig wurde er auch bedroht: Wenn er als Christ weiterhin versuchen würde, sie freizubekommen, würde er mit seiner Familie lebendig in seinem Haus verbrennen. Und so stoppte ihr Vater schließlich seine Bemühungen, um nicht auch seine anderen Kinder in Gefahr zu bringen.

Obwohl Teena nur wenige Meter von ihrem eigentlichen Zuhause entfernt lebte, war dieses nun in unerreichbare Ferne gerückt. Jeglicher Kontakt war ihr strikt verboten, sie lebte in Gefangenschaft.

Wir im Westen fragen uns, warum sie dieser Familie nicht einfach klipp und klar die Leviten gelesen hat, den Patron und Sobia gehörig in den Senkel stellte, um dann rauszumarschieren und so «dem ganzen Zirkus» schlicht und einfach ein Ende zu bereiten.

Nun, Teenas Fall zeigt in aller Härte die pakistanische Realität: Laut Gesetz war sie nun Moslemin, ausgewiesen per Zertifikat, das noch am gleichen Tag ausgestellt worden war, bestätigt vom lokalen Imam – obschon sie nie zum Islam übergetreten war. Dennoch war ihr Glaubenswechsel eben «dokumentiert», ohne dass sie selbst dazu etwas zu sagen gehabt hätte. Sie wurde nie gefragt, und wie bei vielen anderen Mädchen religiöser Minderheiten ist der Übertritt erzwungen oder mittels einer Falle vollzogen worden. Vor dem Gesetz aber gelten diese Mädchen von diesem Moment an als Zugehörige der islamischen Gemeinschaft.

Bei Minderjährigen verlieren die Eltern zudem das Sorgerecht, das an die Entführer übergeht, da Nicht-Moslems keine Moslems erziehen dürfen. Oft wird das Mädchen dann von seinen «neuen Eltern» mit einem anderen «Rechtgläubigen» verheiratet, ohne dass es sich wehren könnte.

Ein solches Szenario sollte sich nun auch unheilvoll vor Teena auftürmen. Auch wenn sie selbst sich aus dem Staub gemacht hätte und bei der Polizei Zuflucht gesucht hätte, wäre sie schnurstracks wieder bei ihren Entführern abgestellt worden und womöglich von diesen gleich noch mit einer Tracht Prügel bedacht worden. Selbst ihr Vater wäre womöglich in Gefahr geraten, weil man ihn hätte verdächtigen können, dass er sie zum Gang zu den Beamten ermutigt hätte.

Zähneknirschend fügte sich Teenas Familie noch aus einem anderen Grund: Zu groß ist das Risiko in Pakistan, sich eine Anklage wegen «Blasphemie» einzuhandeln – und genau damit wurde ebenfalls gedroht.

Derzeit reicht in Pakistan eine noch so haltlose Beschuldigung, um ein Leben zu ruinieren. Manchmal vergehen Jahre bis zum Prozess. Wenn der Ernährer während dieser Zeit in Haft sitzt, ist die Familie ruiniert. Bisher wurde (mit einer Ausnahme) noch niemand offiziell zum Tode verurteilt, was rechtlich durchaus möglich wäre, aber die Fanatiker akzeptieren die Gerichtsentscheide nicht. Und so rottet sich immer wieder ein Mob zusammen, um Selbstjustiz zu üben.

Terroristische Erschießungskommandos schrecken nicht davor zurück, fälschlich bezichtigte Menschen vor Gerichtsgebäuden gleich selbst zu erschießen. Wie etwa vor wenigen Wochen in Faisalabad geschehen, als zwei Pastoren ermordet wurden, die wegen angeblicher Lästerung vor Gericht für einen Freispruch kämpften.

Mit dieser Erpressung im Rücken hielt sich Teenas Familie folglich zurück. Für sie selbst war bald klar, dass sie in eine Falle gelockt worden war, auch weil das Papier, das ihren Religionsübertritt bescheinigen sollte, in nur einer Stunde im Haus war.

Schockiert war Teena, als ihr Vater öffentlich sagte, dass sie nicht mehr seine Tochter sei, da sie jetzt Moslemin war; ja, dass er nichts mehr mit ihr zu tun hätte.

Währenddessen kamen immer wieder Besucher in ihr neues «Zuhause» und beglückwünschten sie: «Du hast etwas Großes getan, nun kommst du in den Himmel.» Doch das war purer Nonsens, da sie ja nicht konvertiert war. Aber das interessierte niemanden, wichtig war das Dokument. Der Mensch zählte nicht, sondern nur die «Show».

## Das Gefängnis

Das Nachbarhaus, das Teena früher oft im Guten besucht hatte, war nun ihr Gefängnis geworden, ein Verlies, das zu verlassen ihr – unter Morddrohung – strikt verboten war. Das ebenfalls rote Backsteingebäude hatte eine Küche, ein Bad und zwei weitere Zimmer.

Innerhalb kürzester Zeit langweilte sich Teena enorm. Ihr Leben bestand nun aus Schlafen, Essen und dann und wann zur Ablenkung Zeichnen. Die einst so aufgeweckte junge Frau wurde still und depressiv, während Sobias Sippe sie nun als Mitglied ihrer Familie bezeichnete und ihr einzureden versuchte, dass sie glücklich sein solle, da sie ja nun den Islam angenommen habe – was Teena natürlich überhaupt nicht passte. Die Wahrheit lautete anders: Sie war eine Gefangene geworden.

Sobias Familie scherte sich wenig um Teenas Gefühle. Ihr wurde gesagt, dass sie froh darüber sein solle, dass sie nun auch zum Islam gehöre, sie sei nun in Sicherheit. «Du bist Christin gewesen, nun bist du aber der Hölle entkommen», wurde ihr mitgeteilt. Die Familie war stolz auf ihren Erfolg, eine Frau vor einer falschen Religion «gerettet» zu haben.

Die einzige Abwechslung bestand darin, dass sie alle paar Wochen für einige Zeit bei Sobias reicher Tante, einer Unternehmerin, einquartiert war. Dieser «goldene Käfig» bestand aus einer Küche, einem Bad sowie sechs Räumen, einem Korridor, einer Garage plus einem Fernseher. Das alles hatte Teena aber ebenfalls in kürzester Zeit «gesehen».

Selbstredend war die Beziehung mit Sobia im Eimer, auch wenn sie und ihr Clan versuchten, Teena alles Mögliche zu bieten. Doch Teenas einziger Wunsch war, wieder frei zu sein, und das war ja nicht möglich.

Besorgte Nachfragen von ihrem Lehrerkollegium über ihr plötzliches Wegbleiben blieben aus. Dort war man im Gegenteil glücklich, dass Teena den Islam angenommen hatte. Die wirklichen Umstände sickerten offenbar nicht bis dorthin durch.

Teena war abgrundtief enttäuscht wegen dieses Problems, und es schmerzte sie auch sehr, dass ihre Familie darunter litt. Sie war wütend auf Gott, betete aber gleichzeitig für Freiheit und fragte, warum das geschehen musste. Und ob in ihrem Leben eine Sünde sei und er, Gott, sie deshalb in diese fürchterliche Lage geführt habe. Im Stillen sagte sie Bibelverse auf und bat Jesus Christus, er möge ihre Gefangenschaft beenden. Diese Hoffnung wollte sie nicht aufgeben: «Gott, ich weiß, dass ich eines Tages frei sein werde und zurück zu meinen Leuten kann. Mit deiner Hilfe, Gott!»

Den Islam hatte Teena nie angenommen, und sie versuchte auch gar nicht erst, im Koran zu lesen, auch wenn sie dazu aufgefordert wurde. Geltend machte sie, dass sie nicht Arabisch lesen könne, worauf sie jedoch einen Koran in der Urdu-Sprache erhielt, den sie ebenfalls nicht in die Hand nahm, allem Drängen zum Trotz.

Durch das Fenster sah sie ihren Vater und ihre Geschwister, mit denen sie aber keinerlei Kontakt haben durfte. Einerseits war sie glücklich, sie zu sehen und zu wissen, dass sie in Sicherheit waren, andererseits war sie sehr betrübt, weil sie nicht mit ihnen sprechen konnte. Und da war ja noch ein Bericht in der lokalen Zeitung, die kolportierte, dass ihr Vater sie nicht mehr als seine Tochter ansehen würde, da sie nun Moslemin sei und mit Moslems lebte.

Und so schleppten sich die Stunden und Tage dahin. Missmutig half Teena Sobias Geschwistern bei den Hausaufgaben, und um sich zu zerstreuen, zeichnete sie, während die Familie doch tatsächlich glücklich war, dass sie Teena zum Islam konvertieren konnte. Interessanterweise durfte die junge Frau aber nicht einmal nach draußen gehen, weil Sobias Familie Angst hatte, sie könnte in ihr richtiges Zuhause zurückkehren. Für den Notfall hatte der Clan immer die Dokumente zur Hand, wonach Teena den Islam angenommen habe und nun ihre Tochter sei. Manchmal wurde Teena sicherheitshalber in einem der Räume eingesperrt.

## Keine Wahl: Arrangierte Hochzeit

Weiteres Ungemach zog nach wenigen Monaten auf, als ihr die Familie eröffnete, dass sie ja nun ihre Tochter sei, da sie zum Islam übergetreten sei. Und da sie die älteste Tochter sei, älter als die bisher älteste, Fauzia, werde sie nun auch als Erste heiraten, noch vor Fauzia.

«Wir werden deine Hochzeit arrangieren. Du bist die älteste Schwester von Sobia, und es ist deshalb richtig, dass du als Erste heiratest.»

Für Teena brach erneut eine Welt zusammen. Sie versuchte verzweifelt, Zeit zu gewinnen, und machte geltend, dass sie, wenn sie eine wahre Moslemin werden solle, zuerst eine islamische Schule besuchen und den Koran studieren müsse.

«Wenn ich einen guten Mann heiraten soll, so müsst ihr mich zuerst im Islam vortrefflich ausbilden!» Doch dafür fand die Familie kein Gehör. Zuerst werde geheiratet, islamisch ausbilden lassen könne sie sich auch nachher noch.

«Ich hoffte auf ein Wunder», erinnert sich Teena, «ich vertraute auf Gott und sagte zu ihm, wenn das alles sein Wille sei, könne ich es eben nicht ändern.»

Qaiser hieß der junge Mann, den Sobias Mutter durch ein Vermittlungsbüro fand. Er war 25 und damit ein Jahr älter als Teena.

«Mutter» war zufrieden: «Qaiser ist Schweißer und baut Eisenrohre zusammen. Er ist der älteste Sohn der Familie, er ist ein guter Mann und betet regelmäßig.»

Einmal kam er zu Besuch. Teena sah ihn nur kurz und mochte ihn auf Anhieb nicht, er war kein Gentleman. Zwar sagte sie dies später auch Sobias Mutter, doch diese wehrte ab und fand, dass er eine sehr gute Wahl sei.

«Erstens ist er ungebildet und hat keine Manieren. Zweitens will ich keinen Moslem haben. Und drittens bin ich nicht bereit, im Alter von 24 Jahren zu heiraten», entgegnete Teena. Aber sie hätte genauso gut zu einer Schar Pinguine in der Arktis sprechen können. Für die Familie war die Hochzeit mit Qaiser eine beschlossene Sache.

Nach einem gemeinsamen Besuch bei ihm plapperte auch Sobia etwas von einem feinen Mann. Einmal kam er vorbei und brachte Süßigkeiten mit, offenbar versuchte er ein kleines Leckereien-Geschäft aufzubauen. Teena war das egal, sie beachtete ihn nicht und saß auch nicht mit ihm zusammen.

Qaiser war gutaussehend, durchaus intelligent, schlank, gesund und groß, hatte schwarze Haare, schwarze Augen und seine Haut war mittelbraun, nicht hell, nicht dunkel.

Aber Teena mochte ihn nicht.

Drei Monate später war sie mit ihm verheiratet.

Gefeiert wurde in einem Zelt, das in der Straße aufgestellt worden war, gar nicht so weit weg von ihrem richtigen Zuhause. Die Zeremonie wurde getrennt durchgeführt, und auch bei der eigentlichen Feier saßen die nun Neuvermählten separat: in einem Abteil die Männer, im anderen die Frauen. Und so wurden auch die Zertifikate unterschrieben, die Teena als Frau von Qaiser ausweisen würden. Eine Wahl hatte sie nicht. Und selbstredend war ihre echte Familie nicht eingeladen, was die junge Braut zusätzlich ärgerte und traurig machte. Eine ihrer Schwestern hielt sich in der Nähe auf und versuchte sie zu treffen. Dies wiederum entging Sobia nicht, und sie bugsierte die Besucherin flugs hinaus, mit der Behauptung, dass Teena sie nicht sehen wolle.

Teena weinte die ganze Zeit über, ohne dass jemand gefragt hätte, wieso. Und selbst wenn sich doch jemand erkundigt hätte: Sie war unter Druck gesetzt worden, still zu sein und nicht über den wirklichen Hintergrund ihres Konvertierens zu reden. Andernfalls würde man eine Blasphemie-Klage gegen ihre Lieben einreichen.

Trotz des ganzen Trubels war sie unendlich einsam und aß nichts, obschon leckere Gerichte angeboten wurden, nämlich das bereits bekannte Roti, Meeda und Nan. Also dünne, süße Brotfladen mit Huhn, Reis und verschiedenen Salaten.

Alle schienen glücklich, auch ihre einstigen Lehrerkollegen schauten vorbei, überreichten ihr als Geschenk 10 000 Rupien und drückten ihre Freude über Teenas Glaubenswechsel aus. Sie selbst dachte über ihren Mann und dessen Familie nach und sorgte sich um ihren echten Vater und ihre Geschwister.

Nach dem Fest ging es ins neue «Zuhause», das etwa zwanzig Autominuten von ihrem wahren Heim entfernt war. Bevor sie erstmals als Braut ins Haus eintrete, sollte Teena nun aus dem Koran rezitieren. Dies sei so Brauch, erklärte die neue Familie. Teena sagte der älteren Schwester ihres neuen Clans, dass sie den Koran nicht lesen könne. Diese beruhigte sie: «Das ist nur eine Tradition. Fahre einfach mit dem Finger über die Worte, es muss nicht laut geschehen, du brauchst nichts zu sagen.»

Um nicht noch mehr Probleme zu bekommen, tat Teena das Gewünschte.

Von allen wurde sie nun als Tochter und als Teil der Familie vorgestellt. Ihre neuen Verwandten erlebte sie als nett, nur Qaiser war ganz anders, er hatte mit Teena nicht das Geringste gemeinsam, und die beiden verstanden sich nicht. Sobias Familie hatte Teenas Schwiegereltern offenbar mitgeteilt, dass sie Teena adoptiert hätten, als diese noch ein Baby gewesen war, und dass sie immer wie ihre Tochter gewesen sei. Dass sie «konvertiert» war – und vor allem *wie* dies abgelaufen war –, hatten sie offenbar tunlichst verschwiegen.

Im neuen Zuhause herrschten räumlich enge Verhältnisse: ein Bad, eine Küche, sowie zwei Räume – im einen lebten Teena und ihr Mann, im anderen Qaisers jüngerer Bruder mit seiner Frau. Die Eltern und eine weitere Tochter lebten im Stockwerk darüber. Die Dachterrasse, ein weiterer Lebensraum, wurde von allen benutzt.

Am zweiten Tag äußerte Qaiser ein Kompliment für Teena: «Du bist sehr nett.»

Worauf Teena antwortete: «Ich mag dich nicht!»

«Du machst wohl Witze», meinte Qaiser verblüfft.

Teena beließ es dabei.

Mit der Zeit stellte sich heraus, dass Qaiser gewusst hatte, dass Teena konvertiert war. Allerdings ließ er sich nichts anmerken. Zudem entzog sich seiner Kenntnis, dass der Glaubenswechsel nicht echt war, sondern eine Erfindung von Sobias Clan. Vor der Hochzeit hatte Qaiser einen Imam, einen islamischen Geistlichen, aufgesucht und ihn gefragt, ob es richtig oder falsch sei, wenn er eine Konvertitin eheliche. Der Imam war des Lobes voll und ermutigte ihn: «Das ist sehr gut für dich. Es ist, als würdest du dir damit den Himmel verdienen, du bist dann in Allahs Augen sehr wertvoll!»

Als ihr Ehemann verlangte, dass Teena im Koran las, entgegnete sie, dass sie nicht lesen könne und auch die Hilfe einer Verwandten ablehne.

Qaiser sei nicht gut zu ihr gewesen, sagt Teena heute. Dass er kein Gentleman gewesen sei, habe er selbst zugegeben. Sie durfte das Haus verlassen – wenn auch nur mit ihm –, etwa zum Mittag- oder Abendessen, für gemeinsame Spaziergänge oder für Besuche bei Verwandten. Doch immer wieder zeigte sich die Schattenseite dieser von Teena verschmähten Ehe. Qaiser verstrickte sie in Dispute um ihren Glaubenswechsel und verlangte, dass sie den Koran durchlesen sollte. Oft stritten sich die beiden deswegen.

Teena wusste nicht, was sie für Qaiser empfinden sollte, sie war sich nicht sicher, ob sie ihn als Mann annehmen sollte. «Ich musste aber, weil ich ja sonst nirgends hinkonnte.» An Flucht habe sie in den ersten Monaten noch nicht gedacht. Wohin hätte sie auch flüchten sollen? Weder Sobias Familie kam in Frage noch die Polizei – Teena wäre umgehend wieder bei ihrem Mann abgeliefert worden. Und die eigene Familie kam erst recht nicht in Betracht. Ein Anruf von ihren Schwiegereltern oder Qaiser, und Sobias Sippe hätte bei Teenas Vater auf der Matte gestanden. Und so akzeptierte Teena, dass sie mit diesem Mann zu leben hatte, weshalb sie heute auch nicht von Vergewaltigung spricht, wenn es zum Thema Sexualität kommt.

Zumindest Kontakt aufnehmen mit ihrer echten Familie wollte sie, ohne aber zu wissen, wie das geschehen könnte. Das Mobiltelefon war stets in den Händen ihres Gatten, und das Festnetzgerät zu nutzen war ihr dann doch zu riskant, da in der Regel noch jemand anders in der Wohnung war.

## Zweimal aufgeflogen

Und dann kam der Moment, in dem die Familie herausfand, dass Teena keine echte Moslemin ist. Nach einem Jahr entdeckte Qaiser eines Nachts, wie seine Frau auf ihrem Bett betete. Nicht zu Allah, sondern zum Gott der Christen, was er am Morgen seiner Mutter verriet.

Aus Sicherheitsgründen sagte Teena: «Er lügt, er weiß ja gar nicht, was ich tue!» Qaiser und seine Familie liebten Teena, nun aber zogen düstere Wolken auf.

Ihr Mann bedrängte sie und forderte: «Lass die Vergangenheit ruhen, vergiss sie! Du sollst in unserer moslemischen Familie als Moslemin leben.»

Teena sagte nichts dazu, während sich seine Haltung ihr gegenüber langsam aber sicher komplett änderte, bis sie ihm klarmachte, dass sie auch nicht wisse, warum man ihn nicht über ihren wahren Glauben aufgeklärt habe.

Auf dem Heimweg nach einem Besuch bei Sobia schlug Qaiser ihr mit einer Eisenstange auf die Hand, so dass diese anschwoll. Er wollte sich nicht damit abfinden, dass sie in ihrem Herzen keine Moslemin war, sondern an ihrem christlichen Glauben festhalten wollte. So erfuhr er auch, wie Teenas Familienverhältnisse tatsächlich aussahen. Er erlaubte ihr aber nicht, ihre wahre Familie zu sehen. Und so stritten sich die beiden zunehmend.

«Du bist eine Betrügerin, mein Leben ist vergeudet!», herrschte Qaiser sie aufgebracht an.

«Nicht nur deines, auch mein Leben ist verschwendet. Sogar meine Geschwister und mein Vater können nicht mit mir sein – das ist für mich trostlos!», entgegnete Teena verzweifelt.

Nach solchen Zusammenstößen war ihr Gemahl außer sich und tat dann etwas völlig Unerwartetes: Er ging schlafen. Auf diese Weise konnte er tatsächlich zur Ruhe finden – eine eigentümliche Form der Konfliktlösung, die er aber schon «immer» so praktiziert hatte. Wenn er dann wieder aufgestanden war, war die Anspannung weg und er verhielt sich normal. Gerade so, als wäre nichts geschehen. Dadurch verhinderte er, dass sich der Streit zu einem unkontrollierbaren Gewitter hochschaukelte und er so aggressiv geworden wäre, dass er Gewalt angewendet hätte.

Vor seinen Eltern beklagte Qaiser Teenas Pseudo-Konvertierung nicht mehr, weil er nicht wollte, dass sich die Familie ihr gegenüber niederträchtig verhielt, wenn er wegen seiner Arbeit nicht im Haus war. Und so wurde Teena von der Sippe weiterhin gut behandelt, mit dem Hinweis, dass sie nun auch ihre Tochter und eine Moslemin sei.

Nach ungefähr einem Jahr kam ein Mädchen zur Welt. Teenas Vater durfte weder seine Tochter noch sein Enkelkind sehen, auch wenn diese oft bei Sobia zu Besuch waren – näher als einen Steinwurf entfernt, und doch so weit weg. Während der Schwangerschaft war die werdende Mutter allerdings wenig begeistert von dem, was da in ihrem Bauch wuchs, denn schließlich wollte sie von diesem Mann kein Kind.

Eines unschönen Tages fuhr Qaiser mit Teena in die Klinik zu einer Routineuntersuchung. Teena saß hinten auf dem roten 125ccm-Motorrad, mit dem sie über eine breite staubige Straße fuhren. Der Tacho mochte fünfzig bis sechzig Stundenkilometer angezeigt haben. Da zischte Teena ihrem Mann ins Ohr, dass sie das Kleine nicht gebären wolle.

«Wenn du nicht Mutter werden und nicht gebären willst, dann mache ich deinem Leben ein Ende!», warf ihr der erzürnte Qaiser an den Kopf. Wutentbrannt beschleunigte er die Honda massiv, so dass sich die Maschine auf das Hinterrad stellte und Teena runterfiel und auf dem Asphalt aufschlug. Es war ihr Glück, dass sich nur wenige der bunten Lastwagen, Autos und Motorräder auf der von Läden und kleinen Marktständen gesäumten Fahrbahn tummelten.

Teena hatte sich beim Sturz die Arme und den Rücken aufgeschürft, zudem schwoll ein Bein an, und Qaisers verantwortungslose Aktion hätte leicht noch viel schlimmere Folgen haben können. Von überall eilten Menschen herbei, um ihr aufzuhelfen; sie vermuteten, dass es sich um einen Unfall handelte. Nur einer half nicht: ihr Mann. Das Paar fuhr wieder nach Hause.

Schluchzend erzählte Teena ihrer Schwiegermutter, was ihr Qaiser angetan hatte: Wie er bei einem doch beachtlichen Tempo dafür gesorgt hatte, dass sie vom Sitz gefallen war, und über ihre arg schmerzende Beinverletzung und sein generelles Gebaren.

Sie wollte wissen, warum ihr Sohn denn so etwas getan hatte. «Du kannst ihn fragen», erwiderte Teena. Als seine Mutter dazu ansetzte, schwieg er und machte sich aus dem Staub.

Teena schilderte nun, dass sie nicht mehr mit ihm leben wollte, wegen seines Verhaltens und seiner Einstellung. Zudem bat sie die Schwiegermutter, Sobias Mutter anzurufen.

Eine halbe Stunde später war diese da. Teena setzte auch sie ins Bild, dass sie nicht mehr mit Qaiser leben wollte, und sie bohrte auch nach, warum sie ihm nicht gesagt hatte, dass sie gar nicht konvertiert war. Denn gerade dies war letztlich der Auslöser der ständigen Auseinandersetzungen.

Es folgte die gewohnte Beschwichtigung: «Du sollst ein gutes Leben mit deinem Mann haben und nicht über das Vergangene nachdenken!»

Eine Stunde später brachten die beiden Mütter Teena ins Krankenhaus. Sie war im siebten Monat schwanger, und bei der Untersuchung wurde festgestellt, dass das Baby wohlauf war. Teena wurde versorgt und gesund gepflegt.

Zwei Monate später war sie dann doch glücklich, ihre neugeborene Tochter in den Armen zu halten. Andererseits dachte sie nun unverhohlen über eine Flucht nach, was Qaiser mit offenen Drohungen quittierte: «Wenn du fliehst, töten wir dich und deine Familie. Meine Cousins haben viele Waffen, mit denen bringen wir euch alle um!»

Das erschreckte Teena aber mittlerweile nicht mehr so sehr wie früher. Dennoch sah sie keine Chance zu entkommen, da immer jemand von der Familie zugegen war. Vorderhand kümmerte sie sich um das Kleine, das sie innig liebte, wie eine Mutter eben ihr Kind liebt.

Den Einschüchterungsversuchen zum Trotz mäßigte Qaiser seinen Umgangston wieder, er wollte seine Tochter nicht verschrecken und versuchte deshalb, der Mutter möglichst keine Probleme zu bereiten.

Und dann gelang nach langen Monaten der Verzweiflung die Kontaktnahme zu ihrer richtigen Familie. Sie war gerade bei Sobia zu Besuch, man hatte auf dem Flachdach Platz genommen, so wie es oft der Fall war. Nach und nach gingen die anderen runter ins Haus, bis Teena alleine übrig blieb.

Da erblickte sie auf dem Dach des Nachbarhauses – also ihres wirklichen Heims – eine ihrer Schwestern, Yohana. Die Häuser standen nahe beisammen, und so konnten die beiden jungen Frauen erstmals seit langem und unter Tränen miteinander reden, natürlich nur kurz und leise. Lange waren sie sich nicht mehr so nahe gewesen. Eine andere Schwester konnte sie im Gebäudeinnern erspähen, sie war sehr krank. Teena wollte wissen, woran sie litt. Sie erfuhr, dass sie so angeschlagen war, dass sie nicht einmal mehr gehen konnte. Die Schwester teilte ihr auch mit, dass sie Sobias Familie oft fragten, ob es nicht möglich wäre, Teena zu besuchen. Doch so oft ihr Vater und ihre Geschwister um ein Wiedersehen baten, so lieblos wurden sie von Sobias Clan jedes Mal abgeschmettert.

Yohana konnte Teena noch eine Kontaktnummer vermitteln – in Pakistan sind Mobiltelefone weitaus verbreiteter als die im Westen üblichen Festnetzgeräte. Und entsprechend oft wechseln die Nummern. Zwar hatte Teena kein eigenes Handy, aber nun zumindest ein paar Angaben, die ein Kommunizieren bei einer sich bietenden Gelegenheit erleichtern würden. Sie steckte die Nummer ein. Nun bemerkte Teena, dass einer von Sobias Onkeln – nicht jener, der beim «Konvertieren» an vorderster Front mitgemischt hatte – die ganze Szenerie beobachtet hatte. Er tat aber so, als hätte er nichts gesehen, und natürlich hatte Teena keinerlei Interesse, sich zu erklären.

Nachts versuchte sie dann ihre Familie zu erreichen. Qaiser stellte sich schlafend, um sie abzufangen, was ihm auch gelang. Er konfrontierte sie sogleich.

«Ich rufe nur eine Freundin an», verteidigte sich Teena. Tags darauf, als Qaiser nach der Arbeit heimkam, flog ihr «Verbrechen» auf. Einerseits hatte Sobias Onkel seine Beobachtungen mitgeteilt, andererseits fragte Qaiser ganz cool, warum sie telefoniere, ohne vorher mit ihm darüber zu reden, und wen sie überhaupt anrufe.

«Es ist meine Familie. Es sind meine Brüder und Schwestern. Ich muss mit ihnen sprechen können. Ich habe das seit mehr als einem Jahr nicht mehr gekonnt und sie auch nicht gesehen!»

«Aber Teena, du bist jetzt Moslemin, du kannst keinen Kontakt mit einer christlichen Familie haben!»

«Okay, ich bin vielleicht Moslemin, weil ich das Papier unterschrieben habe. Aber ich habe kein Papier unterschrieben, auf dem steht, dass ich meine Brüder und Schwestern nicht mehr sehen kann!»

Dabei blieb es. Qaiser erwähnte diese Auseinandersetzung vorerst nicht mehr.

Zwei oder drei Tage später kam er dann doch auf das Thema zurück, aber anders, als Teena sich das zu träumen gewagt hätte. Er drückte ihr nicht nur sein Mobiltelefon in die Hand, sondern sagte auch gleich, dass sie eine ihrer Schwestern anrufen dürfe, um sich mit ihr im Park zu verabreden. Teena war völlig überrascht und auch skeptisch: «Machst du Witze?»

«Nein, ich meine es ernst. Und ich will deinen Vater und deine Geschwister ebenfalls kennenlernen.»

In Qaisers Beisein konnte Teena, die das unverhoffte Glück noch kaum fassen konnte, ihre Schwester anrufen und sie auf den Abend in den nahen Park bestellen.

Mit zwei Kindern seines älteren Bruders schloss Qaiser sich Teena an und sagte im Haus, dass sie in den Park gehen würden, um mit den Kindern zu spielen. Dort angekommen, warteten bereits Yohana mit ihrem Mann sowie eine jüngere Schwester und ein Bruder. Es sollte ein erfrischender Besuch werden, nach mittlerweile mehr als eineinhalb Jahren des Leidens.

Ungezwungen fragte etwa eine der Schwestern Qaiser, was er beruflich mache, und er erklärte es ihr, ohne zu zögern. Als er schließlich etwas abseits mit den Kindern spielte, offenbarte Teena ihr Innerstes: «Ich will nicht mehr mit ihm leben!»

«Wir beten für dich, und wir wollen dich zurück.»

«Ich habe keine Möglichkeit, da rauszukommen.»

Und so verhandelten die jungen Leute das Schicksal, das so schwer auf Teenas Schultern lastete. Immer wenn Qaiser sich wieder zu ihnen gesellte, sprachen sie über belanglose Dinge. Nach einem Imbiss und Getränken und einer kurzen Zeit des unbeschwerten Zusammenseins hieß es wieder Abschied nehmen.

Nachts sprach das Ehepaar über die Begegnung, und Qaiser offenbarte Teena: «Wenn es dich glücklich macht, kannst du sie besuchen. Aber ich selbst werde keine Beziehung mit deiner Familie pflegen, und meine Tochter ebenfalls nicht.» Er überreichte ihr ein Mobiltelefon und sagte, dass sie es immer bei sich haben könne, um mit ihnen zu reden. «Falls du aber verlangst, dass ich oder meine Tochter sie wiedersehen, dann war es das!»

Teena erklärte Qaiser, dass er dies auch den Schwiegereltern und seinen Geschwistern mitteilen solle, damit auch sie wissen, mit wem Teena jeweils redete – und vor allem, dass dies seine Ordnung hatte.

Von nun sprach sie immer mal wieder mit ihrem Vater und ihren Brüdern und Schwestern, manchmal auch über das Festnetz, da beide Haushalte über einen solchen Anschluss verfügten. Manchmal rief auch ihre Familie auf ihre Nummer an.

Wann immer Teena alleine im Haus war, sagte sie ihrer richtigen Familie, dass sie von diesem Ort wegwolle. Gemeinsam schmiedeten sie an einem Plan, bis zu einem sehr schwierigen Moment.

Einmal nämlich sprach Teena am Telefon mit Yohana. Teena war im ersten Stock und wähnte sich alleine. Doch im Erdgeschoss war ebenfalls ein Apparat mit dem gleichen Anschluss – das Gespräch wurde mitgehört. Und so kam heraus, dass Teena wegrennen und sogar ihre Tochter zurücklassen wollte, damit sie nicht mehr in Kontakt mit Qaiser und seiner Familie sein musste.

Die Schwägerin hatte das alles mitbekommen, ließ sich aber gegenüber Teena nichts anmerken, sondern offenbarte diesen «Komplott» ihrem Mann. Und die beiden organisierten einen Familienrat, um Teena zu konfrontieren. Während Sobia mit Teena auf dem Bazar war, traf Sobias Familie ein. Die Geschichte kam auf den Tisch, das Telefongespräch wurde besprochen, worauf Teena zur Rede gestellt werden sollte. Qaiser forderte, dass etwas getan werden müsse, da er Teena nicht verlieren wollte. Schließlich telefonierte Sobias Vater mit Teenas Schwager, um mehr Einzelheiten über den verhängnisvollen Anruf zu erfahren, doch der hatte noch gar nichts davon gewusst. Stattdessen kam nun ans Licht, dass Qaiser ein Treffen im Park ermöglicht hatte.

«Teena darf draußen im Grünen ihre Geschwister treffen, und dann wunderst du dich, dass sie gehen will?», wurde Qaiser angeherrscht. Alle gingen nun auf ihn los und meinten, dass er sich gar nicht erst beschweren müsse.

Als Teena nichtsahnend mit der Schwägerin vom Bazar zurückkehrte, warteten die beiden in Rage geratenen Sippen bereits auf sie. Fragen prasselten auf die überraschte junge Mutter nieder, was sie denn eigentlich für Pläne habe. Auch die andere Schwägerin, die die beiden Schwestern belauscht hatte, wurde herbeizitiert, um das Gehörte zu wiederholen.

Zuletzt baute sich Sobias Mutter vor Teena auf, um die Unglückliche einmal mehr in den Senkel zu stellen: «Wenn du hier abhaust, weißt du, was dann passiert?», fragte sie bedeutungsschwanger und lieferte die unheilvolle Antwort gleich mit: «Wir töten dich und deine Familie.»

Andere warfen ein: «Schau deine Tochter an, warum willst du sie verlassen?»

Derart bedroht, wurde Teena sehr still und flehte zuletzt: «Bitte, tut meiner Familie nichts an, ich werde bleiben.»

Mehrere Tage blieb Teena still, sprach kein Wort mit Qaiser oder einem anderen Familienmitglied. Schließlich fragte er sie: «Wie lange willst du noch schweigen? Sprich mit uns und werde hier glücklich, es ist auch dein Zuhause. Lebe hier zufrieden und fröhlich mit deiner Tochter.» Auch zeigte er sich enttäuscht darüber, dass Teena Fluchtpläne hegte, nachdem er ihr erlaubte hatte, mit ihren Geschwistern zu reden.

Selbstredend wurden ihre Bewegungen nun von aufmerksamen Augen begleitet, und ihr Mobiltelefon blieb nachts unter Qaisers Decke, um unkontrollierte Kontakte gar nicht erst zuzulassen. Um ja kein Schlupfloch zu bieten, überprüfte er jeden Morgen, wenn er aufwachte, den Kreditstand des Handys, um sicherzugehen, dass Teena nicht etwa doch an das Gerät gelangt war, um heimlich zu telefonieren.

Auch konnte sie nicht mehr mit ihrer Tochter alleine sein. Zu sehr fürchtete ihr Umfeld, dass die beiden plötzlich «fehlen» könnten. All diese Restriktionen, das Misstrauen und die Überwachung ließen Teena wieder mutlos werden, gerade so, als würden sich Berge vor ihr auftürmen, die sie unmöglich überwinden konnte.

Desillusioniert machte sich Teena daran, Qaisers Vertrauen zurückzugewinnen. Sie leistete Abbitte und sagte entschuldigend, dass es ein Fehler gewesen sei, nach einer Flucht zu streben.

«Es tut mir nun wirklich sehr leid. In Zukunft werde ich es nicht mehr tun!»

«Deine Verwandten haben dich fehlgeleitet und dich verführen wollen.»

«Nein, es war mein Fehler, ich wollte entkommen, nun will ich aber keinen solchen Fehltritt mehr machen.»

## Ein Gespräch mit Qaiser

Die Schwiegermutter arbeitete als Näherin. Sie und die anderen Familienmitglieder behandelten Teena gut, besser jedenfalls als ihr Mann Qaiser. Sie sorgten sich um Teena und brachten manchmal Essen und Kleider für ihre Tochter mit. Und auch wenn die Tanten zu Besuch erschienen, steckten sie Teena oft etwas zu. Ihre Manieren waren gut, was man von Qaiser aber immer noch nicht behaupten konnte. Zwar störte die Schwiegermutter, dass Teena aus einer christlichen Familie stammte, aber das zeigte sie in der Regel nicht.

Mit der Zeit wussten auch die neuen Nachbarn um die religiöse Herkunft der neuen Frau im Haushalt, doch wenn sie deshalb zu hetzen begannen, verteidigte Qaisers Mutter sie, denn sie hatte Teena als ihre Tochter akzeptiert. Teena empfand zwar Respekt für sie, weil die Schwiegermutter sich um sie kümmerte, aber keine Liebe, denn sie war ja nicht aus freien Stücken bei ihr.

Mittlerweile war die Tochter fünf Monate alt. Geboren wurde sie per Kaiserschnitt, im achten Schwangerschaftsmonat, weil Teena unter Bluthochdruck litt.

Qaiser sagte daraufhin: «Wir haben ein Mädchen, jetzt will ich auch einen Jungen.»

Die erste Geburt war für Teena eine schwere Angelegenheit gewesen, und so wurde ihr geraten, zwischen dem ersten und dem zweiten Kind eine Spanne von zwei Jahren verstreichen zu lassen.

Aber ihr Mann drängte: «Ich weiß, du lehnst mich ab, weil du wegrennen willst.» Er wollte sie mit einem zweiten Baby an sich binden und hoffte, dass sie als Mutter von zwei Kleinkindern endgültig bleiben würde.

Vergeblich versuchte Teena ihm klarzumachen: «Ich will jetzt noch nicht. Da muss wegen des Kaiserschnitts ein Abstand von zwei Jahren sein, denn womöglich kommt auch das nächste Kind so zur Welt.»

Die Schwiegermutter intervenierte zu Teenas Gunsten. Als Frau leuchtete ihr Teenas Lage ein, und sie gab ihrem Sohn entsprechende Anweisungen und Ratschläge, die er aber letztlich in den Wind schlug. Er hatte sich in den Kopf gesetzt, möglichst rasch und um jeden Preis ein zweites Baby in die Welt zu setzen. Wann immer er dies forderte, stand seine Mutter Teena zur Seite und redete ihm ins Gewissen, da es ja schon bei der ersten Geburt Komplikationen gegeben hatte.

Zwar stand die Mutter Teena bei, aber Qaiser gehorchte nur begrenzt. Traditionell sind die Worte einer Mutter wichtig, und er, der «Junge», musste deshalb zwingend zuhören, aber letztlich scherte er sich kaum darum. Generell haben die Anweisungen eines Vaters mehr Gewicht.

Ihre Worte drangen nicht zu Qaiser durch, und so vergewaltigte er Teena an zwei verschiedenen Tagen. Die Schwiegermutter war erzürnt, als Teena ihr von der Misshandlung erzählte.

«Warum tust du das?! Du weißt genau, dass sie einen Kaiserschnitt hatte!»

«Sie ist meine Frau, also ist das meine Sache!», konterte Qaiser.

In dieser Zeit wurde Sobia krank und musste in der Klinik operiert werden. Um ihr beizustehen, lebte ihre Mutter bei ihr, und Teena wurde gebeten, in dieser Zeit den Haushalt von Sobias Familie zu machen, also Tür an Tür mit ihrem richtigen Elternhaus. Teena willigte ein.

Nach einer Woche kamen Sobia und ihre Mutter zurück. Teena eröffnete ihrer «Mutter», besser gesagt: ihrer Kidnapperin, wie sie von Qaiser behandelt wurde. Diese versprach, dass sie mit ihm reden werde. Aber kaum zu ihrem Mann zurückgekehrt, stellte die junge Frau fest, dass sie erneut schwanger war, was er auch bald erfahren sollte und unverhohlen kommentierte: «Nun kannst du nirgends mehr hingehen!»

«Wenn ich gehen will, kann ich gehen, egal, ob ich ein oder zwei Kinder habe.»

«Das werden wir noch sehen, ob du gehst oder nicht!»

Entgegen Qaisers Erwartungen war auch das zweite Baby weiblich und kam ebenfalls im achten Monat durch einen Kaiserschnitt zur Welt.

Als die Tochter vier Monate alt war, reifte in Teena der Entschluss, dass sie fliehen werde, und sie begann ihren heimlichen Abgang ernsthaft zu planen. Immer wieder betete sie, dass Gott ihr helfen möge, hier zu entkommen. «Du bist immer da. Ohne deine Hilfe kann ich nichts tun.» Sie bat um

Segen, Hilfe und Präsenz sowie um Sicherheit und Schutz für ihre Familie, denn die würde sich im Nu allerhand Verdächtigungen ausgesetzt sehen. Langsam aber sicher nahm ihr Plan Formen an, und als das jüngere der beiden Mädchen sieben Monate alt war, war Teena bereit, das Weite zu suchen.

Der Schwiegervater war stolz, dass Teena konvertiert war, weil man nach islamischen Vorstellungen ins Paradies findet, wenn man jemanden zum Übertritt bewegen kann. Überdies betrachtete die Familie es als einen Sieg über die Christen, wenn jemand eine Frau überzeugen konnte, ihren Glauben zu wechseln, um dadurch «eine Rechtgeleitete» zu werden.

Durch ihren «Glaubenswechsel» genoss Teena den Respekt der Familie – wie der «Übertritt» geschehen war, war längst kein Thema mehr. Der Schwiegervater bemühte sich und tat sein Bestes, damit Teena bei ihnen und beim islamischen Glauben bleiben würde.

Qaisers älterer Bruder war streng religiös, trug einen langen Bart und bekundete seinen Glauben täglich durch das fünfmalige Gebet. Auch er war stolz über den großen Sieg, der über das Christentum errungen und für die Lehre Mohammeds eingefahren werden konnte. Wie konvertiert wurde, spielte keine Rolle; Hauptsache konvertiert.

Irgendwie schien die Familie zu ahnen, dass Teena eines Tages das Weite suchen könnte. Um ihren epochalen Sieg über das Christentum zu sichern, mussten sie daher mittels Einsperren und mit Zwängen aller Art nachhelfen. Teena durfte das Haus nicht mehr verlassen, selbst auf das Dach durfte sie nicht mehr, sie hätte ja abhauen können.

Teenas entschiedener Abwanderungswille verärgerte ihre «Besitzer», auch wenn sie dazu vorderhand meist keine Bemerkungen machten, außer dann und wann: «Dann geh doch, aber wir geben dir die Mädchen nicht!» Denn auf die beiden Kinder war die Sippe stolz, sie waren ihr Fleisch und Blut.

Geld erhielt Teena von ihrem Mann nie, ihre Kleider bekam sie von ihren Schwiegereltern und die Hygieneartikel von ihrer Schwägerin, weil ihr Teenas Bedürfnisse bewusst waren. Sie selbst bat um nichts, weil sie ja nicht an diesem Ort sein und auch nicht als Bittstellerin dastehen wollte.

Bevor sie einschlief, fragte sie sich immer wieder, warum sie hier war und warum ausgerechnet ein Moslem ihr Mann war. Wegen der Drohungen fand sie allerdings keinen Weg, um zu fliehen. In ihren Träumen hörte sie manchmal ihre Mutter rufen, dass sie sich um sie sorge – und sie fühlte, wie Mama sie berührte. Auch träumte sie davon, dass sie ihre Familie besuchen und ihr alles erzählen konnte. Und sie fragte sich, wie wohl ihre Freunde und die Kirche über sie dachten. Sie wusste nicht, welche Details ihnen von ihrer «Konvertierung» bekannt waren. Nicht alle würden wohl die Wahrheit erfahren haben.

Eines Tages konnte Teena mit Qaiser nach draußen gehen, zu einem Morgenspaziergang um fünf Uhr in der Früh.

«Ich will dir etwas Wichtiges mitteilen», sagte Teena zu ihrem Mann.

«Was denn?»

«Warum fragst du mich nie, warum ich nicht fünfmal am Tag bete?»

«Na ja, ich wünschte, dass du es tust, aber du machst es ja nicht.»

«Ich habe einen Grund dafür.»

«Welchen denn?»

«Ich bin nicht zufrieden damit, eine Moslemin zu sein. Mein Herz ist nicht bereit, den Islam anzunehmen und zu akzeptieren. Darum bete ich nicht fünfmal. Und das werde ich auch in Zukunft nie machen.»

«Verstehst du, was du da sagst? Wenn du keine Moslemin bist, müsstest du umgebracht werden!»

«Bitte lass mich frei, ich will nicht mit dir leben!»

«Es ist unmöglich, dich gehen zu lassen. Wenn du mich unter Druck setzt, werde ich dich töten! Rede mit niemandem über das Gespräch, das wir gerade führen. Denn wenn jemand von deiner Gesinnung erfährt, wird er böse werden.»

«Eines Tages muss ich dich verlassen!»

«Das werden wir ja sehen.»

Von da an wusste er hundertprozentig, dass Teena keine Moslemin war, nie gewesen war, außer in der Vorstellung, die sich Qaiser und die beiden Familien zusammengezimmert hatten. Qaiser war nun besonders misstrauisch und drohte einmal mehr: «Wenn du gehst, werde ich dich töten!»

Wann immer Teena bekannt gab, dass sie gehen werde, bekam sie zu hören: «Ich werde herausfinden, wo du bist. Ich weiß, wo die Plätze sind, an denen sich Christen treffen. Wenn ich dich dort sehe, werde ich dich erschießen.»

Teena liebte ihre Kinder, sie war ja ihre Mutter, gleichzeitig forderte sie, dass Qaiser sich ebenfalls um sie kümmerte, denn letztlich waren es ja auch seine Kinder, auf die er durchaus stolz war und die er auch liebte: Mereeb Qaiser, die heute etwa drei ist, und die etwa zwei Jahre alte Tamin Qaiser. Auch die Schwiegermutter kümmerte sich vorbildlich um die beiden und warnte gleichzeitig: «Wenn du flüchtest, geben wir dir die Töchter niemals!»

## Ein spezieller Besuch

Plötzlich wurde Qaiser krank und musste in eine Klinik. Bald stellte Teena fest, dass auch ihr jüngerer leiblicher Bruder – also nicht einer aus dem Sobia- oder Qaiser-Clan – gerade in der gleichen Klinik gepflegt wurde. Auch ihrem Mann entging dies nicht, und er entschied: «Wenn du mit ihm reden willst, darfst du das tun.»

Und so gelangte Teena an die Telefonnummer einer Schwester, die sie auch bald anrief. Und so hörte Teena, dass man bei ihr zu Hause täglich für sie und ihre Freiheit betete. Zudem bot die Schwester ihr ein Mobiltelefon an und versicherte ihr: «Teena, wir wollen dich zurückhaben. Wenn du rauswillst, helfen wir dir.»

«Ich bin keine Moslemin, und ich will nicht in einer islamischen Familie mit einem moslemischen Mann leben! Aber es ist sehr schwierig, von hier zu verschwinden.»

«Wir werden dich da rausholen! Meine ältere Tochter wird dich besuchen, um bei dir Zeichnen zu lernen und ein wenig Kunstunterricht nehmen. So können wir Kontakt haben.»

Bald darauf erschien ihre kleine Nichte zum Privatunterricht, zu dem sie versteckt ein Mobiltelefon und eine Bibel mitbrachte. Flugs verstaute Teena diese für sie verbotenen Geschenke in ihrem Bettkasten; an einem Ort, der nur schlecht einsehbar war. Niemand hatte sich je darum geschert, was sie dort verstaut hatte. Und Teena hoffte, dass dies auch weiterhin so bleiben würde. Verängstigt und gleichzeitig glücklich musterte sie ihre kleine Verwandte, die artig ihre Malsachen mitgebracht hatte.

Zwanzig Minuten lang konnten die beiden alleine sein, dann setzte sich die wachsame Schwiegermutter dazu. Natürlich war rasch klar geworden, wer dieses kleine Mädchen war, das da so unverhofft aufgekreuzt war. Eigentlich wollte die ganze Qaiser-Familie nicht, dass Teena irgendwelchen Kontakt mit ihrer richtigen Familie hatte. Beim Eintreten hatte die Kleine auf die Frage, wer sie denn sei und was sie wolle, geantwortet: «Ich habe eine Freundin hier in der Straße und habe gehört, dass meine Tante auch hier wohnt. Nun will ich sie besuchen kommen!»

Teena war überrascht, dass die Schwiegermutter den Besuch erlaubte. Drei Stunden lang durften die beiden zusammen zeichnen. Diese Begegnung, das war sicher, würde nicht wiederholt werden können. Selbstredend hemmte das Beisein der Schwiegermutter, denn zu gerne hätte Teena mehr über ihre wirkliche Familie erfahren. Solche Erkundigungen konnte sie jedoch nur anstellen, wenn «Mama» mal kurz weg war. Zu ihrer Verblüffung offerierte die Schwiegermutter wenig später sogar eine Mahlzeit. Es war auf den ersten Blick einfach ein schönes Treffen; die wahre Motivation dahinter war für Qaisers Mutter nicht ersichtlich. Teena freilich konnte von da an via Mobiltelefon wieder mit der Familie verbunden sein.

Abends, zurück von der Arbeit, erfuhr ihr Mann von dem Besuch des Mädchens, worüber er reichlich erzürnt war, weshalb er auch umgehend entschied, dass dies nicht mehr erlaubt sei. Außerdem war er argwöhnisch geworden, verfolgte diese Gedanken aber offenbar nicht weiter. Ganz so unüblich waren Kinderbesuche bei Teena zudem nicht. Dass sie gut zeichnen konnte und einst als Lehrerin gearbeitet hatte, war in der Nachbarschaft bekannt, und so schauten immer wieder irgendwelche Sprösslinge aus moslemischen Familien herein und baten um Hilfe bei den Hausaufgaben oder für Prüfungen, was für Teena eine willkommene Abwechslung bedeutete.

Schon seit Monaten pflegte Teena sich nachmittags um drei Uhr für eine Siesta hinzulegen. Daran änderte sich nichts, außer dass sie jetzt jeweils über das Mobiltelefon mit ihren Lieben verbunden war. So erfuhr sie auch, warum ihr Vater damals öffentlich sagte, dass er mit ihr nichts mehr zu schaffen habe: Es war einzig und alleine zum Schutz seiner Familie gewesen.

Während dieser Telefonate sagte sie selbst nicht viel, höchstens im Flüsterton. Es gehörte zur täglichen Routine, dass sie jeweils die Durchgangstür von innen verschloss und alleine mit ihren Töchtern war, und so dachten die andern im Haus, dass sie sich wie üblich für ein Nickerchen zurückgezogen hatte. Tatsächlich aber schliefen von nun an nur ihre beiden kleinen Mädchen; Teena selbst hörte ihrer betenden Familie zu und sagte oder fragte dann und wann etwas mit flüsternder Stimme.

Und so wurde sie nicht erwischt, denn ihr Mann arbeitete von acht Uhr morgens bis abends um fünf. Nur am Sonntag konnte sie nicht mit ihrer Familie reden, weil dies der offizielle Ruhetag Pakistans ist. Dies im Gegensatz zu vielen anderen islamischen Ländern, in denen die Einwohner ihre Werkzeuge freitags ruhen lassen. Eine reguläre Siesta im öffentlichen Leben existiert nicht, aber die Frauen daheim nehmen sich trotzdem eine Auszeit, auch wegen der Hitze.

Fieberhaft flüsterte Teena mit ihrer Familie nun auch über einen Fluchtplan. Sie entschied, dass sie die Kinder zurücklassen würde, denn sie wären bei einer regulären Scheidung der Grund, dass sie ihrem Mann Besuchsrecht geben müsste. Und das konnte fatal enden, selbst wenn die Visiten in Gerichtsgebäuden stattfanden. Immer wieder werden auch dort Attentate verübt, sei es auf Angeklagte oder Anwälte.

## Entscheidende Stunden

Freitag, 23. April 2010, kurz vor drei Uhr nachmittags. Teenas Mann arbeitete. Der Schwager besuchte das Freitagsgebet. Alle anderen schliefen oder dösten in der Siesta-Zeit. Teena aber war hellwach, telefonierte mit ihrem Vater und sagte ihm, dass sie bereit sei. Er besorgte das Weitere, rief ihre jüngere Schwester an. Alles sollte nach dem vereinbarten Plan geschehen.

Ein letztes Mal legte Teena ihre Hände auf die Oberkörper ihrer beiden Töchter, die braune Augen und schwarze Haare haben, und wisperte: «Bitte vergebt mir, dass ich euch von heute an alleine lasse. Es ist nicht euer Fehler, dass ich das tue. Es war Gottes Wille, dass ich die Quelle war, euch gegen meinen Willen auf die Welt zu bringen.»

Teena schlüpfte aus dem Raum, in dem sie sich jeweils niedergelegt hatte und dessen Tür sie immer von innen verriegelte, wenn sie sich am frühen Nachmittag zurückzog. Vorsichtig schlich sie in Richtung der soliden Haustür, die eigentlich ein überwindbares Hindernis darstellen sollte: Sie stand diesmal sogar offen. Eine Verwandte lebte in der Nachbarschaft, und damit die Kinder, die sich immer wieder gegenseitig besuchten, nicht ständig durch ihr Klopfen störten, ließ man den Eingang manchmal unverschlossen. Schließlich hatte man ja stets ein wachsames Auge auf die abwanderungswillige Teena. Es waren wachsame Augen, die während der Siesta zwar geschlossen waren, aber was spielte das für eine Rolle? Schließlich schlief Teena ja in dieser Zeit ebenfalls …

Unbemerkt schlich sich Teena ins Freie. Endlich draußen. Endlich alleine. Ein Glücksgefühl durchströmte sie, aber auch Angst, dass jemand ihre Flucht zu früh bemerken würde: etwa ein Kind, das gerade zu Besuch kommen wollte, eine Angehörige, die unverhofft von irgendwoher eintreffen könnte …

Teena marschierte schnell, ohne aber zu rennen. Das wäre auf der Straße zu auffällig gewesen. In der brütenden Nachmittagshitze hielt sich der Verkehr in Grenzen, und so fand sie bereits nach zwei Minuten eine freie Rikscha. Rasch erklärte sie dem Fahrer das Ziel der Reise, den vereinbarten Treffpunkt. So würde der Qaiser-Clan sie nie und nimmer finden können, da in Lahore tausende Rikscha-Fahrer unterwegs sind. Die Chance, dass die Familie ausgerechnet *diesen* Fahrer ausfindig machen und befragen könnte, war minimal. Außerdem war letztlich niemandem bekannt, wie und womit Teena entkommen konnte.

Am verabredeten Ort wartete bereits ihre jüngere Schwester. Die beiden meldeten die geglückte Flucht sofort ihrem Papa. Ihn konnte sie natürlich nicht besuchen – das Vaterhaus ist bis heute tabu, der benachbarten Sobia-Sippe wegen.

Ihr Verschwinden wurde natürlich bald bemerkt, und es dauerte nicht lange, bis die Polizei ihren Vater, Barkat Masih, inhaftierte, da sie dachten, er wisse, wo sie war. Wegen ihrer Flucht wurde er eingesperrt, was zu erwarten gewesen war. Auch wenn dieses polizeiliche Vorgehen illegal ist, wird es meistens so praktiziert.

Teena kam zu einem Pastor, der für sie betete. Und noch am gleichen Tag wurde sie ins Büro des «Center for Legal Aid Assistance & Settlement» (CLAAS) gebracht, einer Anwaltskanzlei, die sich auf Missbrauchsfälle gegen Minderheiten spezialisiert hat.

Hier wurde ihr Fall registriert, und wenige Stunden später erhielt sie einen Platz im Frauenhaus des Büros, da ihr Leben in Gefahr war.

Durch ihre Familie erfuhr Teena bald, dass Qaiser mehrfach drohte, dass er, wenn er Teena finden würde, sie umbringen würde.

## Im Frauenhaus

Auf der Straße zeigen kann sich die junge Frau heute nicht mehr. CLAAS sucht nun vor Gericht zu erwirken, dass die Trennung auch auf juristischer Ebene rechtskräftig wird. Auch deshalb konnte Teena ihre Kinder nicht mitnehmen. Qaisers Familie hätte ihr niemals die Kleinen überlassen, und sie würde sich durch ein Besuchsrecht ihres Mannes in Lebensgefahr bringen.

Teena sagt, dass sie froh ist, wieder unter Christen leben zu können, und dass sie um ihre Familie bangt, da diese wegen ihrer Flucht in Schwierigkeiten geraten ist. Auch ihr Gemütszustand ist nicht gut, da sie weiß, dass die Kidnapper-Familie und der Qaiser-Clan sie mit allen Mitteln zurückhaben oder tot sehen wollen. «Wir sind nicht mehr in Sicherheit», sagt Teena traurig.

Es dauerte zwei oder drei Tage, bis ihr Vater aus der Haft entlassen wurde, nachdem die Anwälte von CLAAS der Polizei klarmachen konnten, dass Teena im Frauenhaus der Kanzlei untergekommen war und ihr Vater damit nichts zu tun hatte. Jahrelang hatten die Ordnungshüter keinen Finger gekrümmt, um ihr die Freiheit wiederzugeben, auch wenn ihr Papa dies mehrfach gefordert hatte, bevor er schließlich zum Wohl seiner restlichen Familie aufgab. Die Polizei hatte ihn sogar bedroht. Als Teena aber flüchtete, waren die Gesetzeshüter sofort zur Stelle gewesen, um ihren Vater zu verhaften.

Auch Qaiser hatte ihn nach ihrer Flucht bedroht und behauptet, Teena könne nicht mehr zum Christentum zurückkonvertieren, da sie ja den Islam angenommen hätte – dass sie überhaupt nie Moslemin gewesen ist, scheint eine von ihm völlig ignorierte Tatsache geblieben zu sein.

Gegenwärtig versucht sich Teena mit Hilfe der Kanzlei, die sich in Fällen wie in dem von Teena kostenlos einsetzt, ihre Scheidung zu erwirken, damit sie offiziell aus dieser Ehe rauskommt. Sobald das Gericht zu ihren Gunsten entscheidet, ist sie frei, wobei die moslemische Familie das Urteil anfechten kann. Qaiser kann eine Entgegnung einreichen, in der er bekundet, dass er Teena zurückwill. Letztlich wird auch dann das Gericht zu ihren Gunsten entscheiden, bloß dauert dies dann eben länger, im schlimmsten Fall kann es sich über Jahre hinziehen. CLAAS ist bereit, sie so lange in Sicherheit zu behalten.

Dort lernt die Befreite gemeinsam mit anderen Mädchen, denen das Gleiche widerfahren ist, zu sticken und Kleider mit Nadelwerk zu verzieren.

Teena hat wieder Zukunftspläne, sie möchte lernen, Keyboard zu spielen und dazu Gospel-Lieder zu singen, um so die Botschaft von Jesus Christus in verschiedenen Kirchen weitergeben zu können. Besonders berührend empfindet sie, dass Jesus Christus für uns Menschen gestorben ist, wegen unserer Sünden, und dass wir durch ihn Freiheit von den Sünden kriegen können.

Sie träumt davon, selbst eines Tages frei zu sein. Denn gegenwärtig wäre es zu riskant, sich in der Stadt ungeschützt zu bewegen. Die Wahrscheinlichkeit, dabei auf einen der ungewollten Verwandten zu treffen, ist gering, aber eine solche Begegnung könnte tödlich enden.

Gerne würde sie auch wieder Zeichnen unterrichten, am Tag in der Schule arbeiten und am Abend Keyboard spielen und von Gott erzählen. Sie sagt, sie habe das Verlangen zu singen. Ein solcher Tagesablauf ist derzeit noch nicht möglich, auch weil ihr Fall vor Gericht noch nicht abgeschlossen ist.

Außerdem hat sie herausgefunden, dass ihr – auf dem Papier – Noch-Ehemann nach ihr sucht und dass er um jeden Preis nach ihrem Leben trachtet. Einerseits ist er weit weg, und im CLAAS-Büro werden die wenigen Spuren zur Unkenntlichkeit verwischt. Und dennoch lebt er eben in der gleichen Stadt, die aber zumindest dank den rund acht Millionen Einwohnern weniger übersichtlich ist als eine normale europäische Stadt.

Das Gericht dürfte zu Teenas Gunsten entscheiden. Sollte Qaiser jedoch Einspruch erheben, käme die Akte auf der höheren der maximal vier Gerichtsstufen zur Verhandlung. Alle vier Stufen zu durchlaufen dürfte für den Clan aber aus wirtschaftlichen Gründen schwierig sein, im Wissen, dass Teena möglicherweise auch auf der höchsten Ebene Recht bekäme und die Scheidung endgültig würde.

Wenn jemand gute Gründe hat, wird das Urteil schnell rechtskräftig. Außerdem steht Teena offiziell als Moslemin im Verfahren. Ungleich schwerer wäre es für sie, wenn sie in den Verhandlungen als Christin auftreten würde. Sie könnte gleich noch der Blasphemie angeklagt werden, sollte ein religiöser Führer Anzeige erstatten. Denn da ist ja noch das Dokument, laut dem sie zum Islam übergetreten ist – und wer diesen verlässt, verleugnet allein schon durch diese Handlung das islamische Glaubensverständnis.

Gewinnt Teena den Fall – und davon ist auszugehen –, dann ist das ein Schlag ins Gesicht der Qaiser-Familie. Im Herzen werden sie das wohl nie akzeptieren, auch wenn ihnen auf dem Papier nichts anderes übrig bleibt. Finanziell können sie kaum weitermachen, außer jemand hilft ihnen dabei. Aber auch dann ist fraglich, wie lange sie das aussichtslose juristische Hickhack durchhalten.

Ungleich gefährlicher sind die Morddrohungen und die Angst, vor Gericht getötet werden zu können. Dutzende von Menschen starben in Pakistan bereits, weil die feindliche Partei im oder vor dem Gerichtsgebäude tödliche Selbstjustiz übte. Hätte Teena die Kinder mitgenommen, würde zudem Besuchsrecht verordnet werden. In einem solchen Fall könnten die Kleinen entführt werden und behauptet werden, dass Teena zum Christentum zurückkonvertiert sei. Selbstredend hat Teena Gefühle für ihre Töchter, doch ihr Ex-Mann und dessen Familie sind nicht bereit, sie herauszugeben.

Endlich in Freiheit, hatte es im Frauenhaus vier Tage gedauert, bis sie bereit gewesen war, ihre Geschichte zu erzählen; bis sie sicher war, dass sie anderen Menschen ihre Lage schildern konnte und das, was ihr widerfahren war. Sie ängstigt sich nach wie vor wegen ihrer Familie, ist aber froh, dass ihr Vater sagt: «Sie ist jetzt Moslemin, wir haben nichts mehr mit ihr zu tun. Meinetwegen sucht sie, sie ist nicht mehr unsere Tochter.» Denn nur so können ihre Lieben einigermaßen in Sicherheit leben.

Qaisers Familie hat die Polizei auf ihrer Seite. Insgesamt viermal wurde Teenas Vater auf die Polizeistation gezerrt und gedrängt, zu verraten, wo seine Tochter ist. Wenn er Teena nicht sagen würde, dass sie zu ihrem Mann zurückgehen soll, würde er festgehalten. Als Druckmittel, damit sie von sich aus zurückkäme. Er betonte jedes Mal, dass er nicht wüsste, wo sie ist, und dass sie jetzt Moslemin sei. Schließlich konnte er dann wieder nach Hause.

Wenn Teena vor Gericht gewinnt, ist es ihr dennoch unmöglich, zu ihrer Familie zurückzukehren. Via Sobia wüsste Qaiser im Nu, dass sie zurück ist, ein Lynchmob würde sich – wie so oft in Pakistan – im Handumdrehen zusammenrotten. Freunde raten ihrem Vater, das Haus zu verkaufen und an einen anderen Ort zu ziehen, da es sonst wieder und wieder gefährlich werden könnte. Vermutlich wird die Familie umziehen.

Teena wünscht sich, dass man für ihre Freiheit betet und generell für die pakistanischen Christen. Denn gerade jene, die dem Islam entkommen sind, leben in schwierigen Verhältnissen und können weder frei leben noch in die Öffentlichkeit oder in eine Kirche gehen. Sie singt gerne den 23. und den 62. Psalm. Oft werden solche Lieder unter den Christen rezitiert, und auch wer nicht lesen kann, kennt sie, weil sie immer wieder gesungen werden. «Es gibt viele mutmachende Verse», sagt Teena. Und als sie bei den muslimischen Schwiegereltern war, habe sie dicse immer im Herzen gesungen. Heute bittet sie um Gebet für sich und ihre Familie, die ständig in Gefahr ist.

# Maria – Verrat in Gujranwala

Die ersten sieben Jahre lebte Maria bei ihren Eltern, ehe sie bei ihrer Großmutter untergebracht wurde, weil sie sonst alleine daheim gewesen wäre. Nach und nach gingen die älteren Geschwister einer Arbeit nach, und da auch ihre Mutter eine Stelle hatte, war Maria plötzlich die Einzige zu Hause. Deshalb wurde sie – wenige Monate nach ihrer Einschulung – zur Oma gebracht, die zweieinhalb Stunden von Lahore entfernt wohnte.

Gerne spielte sie hier auf der Straße mit Gleichaltrigen. Manchmal mimte sie eine Lehrerin und «unterrichtete» die anderen Kinder, etwa im Zählen, oder sie lehrte sie das Alphabet in englischer Sprache oder in Urdu; jeweils gerade das, was Maria in der richtigen Schule gelernt hatte. Manchmal waren ihre privaten Schulstunden ernsthaft, andere Male witzelte sie einfach herum. Am liebsten aber spielte sie gemeinsam mit ihren Freunden mit den Puppen. Sie hatte eine kleine Puppe mit langen schwarzen Haaren und blauen Augen, der sie meist indische Kleider anzog, schöne, kunstvolle Saris. Auch Versteckenspielen gehörte zum Programm. Oder bei jemandem klingeln und wegrennen, ehe jemand an der Tür erschien.

Die breite Straße mit Kopfsteinpflaster, an der Maria nun aufwuchs, war mit einer Hauptstraße verbunden – eine Mittelklassegegend mit reichen Moslems und auch Christen, die zwar nicht so gut in die Gesellschaft aufgenommen waren, denen es aber vergleichsweise gut ging.

Das Mädchen mochte seine Kindheit, es war unbeschwert und ohne Gedanken an all die Schwierigkeiten, die im Leben noch warten würden. Essen, spielen, schlafen waren angesagt und keine Überlegungen, welche Tücken es mit der Zeit zu meistern gilt. Das Taschengeld, das von den Eltern und den älteren Brüdern und Schwestern kam, wurde gleich investiert, und zwar in Leckereien, Kleinkram aus einem Shop. Oder in Speiseeis. Oder in ganze «Ice Balls», die aus zerstückeltem Eis und Saft bestanden.

Manchmal kam die Mama mit Süßigkeiten zu Besuch. Maria lernte, machte Hausaufgaben und war von Zeit zu Zeit auch bei der Großmutter alleine. Dann schloss sie die Tür und reinigte das Haus, was ihr eigentlich verboten war. Dazu sei sie noch zu klein, hieß es. Sie versuchte es dennoch, und wenn alles glänzte und Oma zurückkam, zeigte diese sich zufrieden, hielt sie aber andererseits an: «In der Freizeit solltest du lernen und nicht diese Hausarbeit verrichten! Du bist noch sehr klein, du musst das nicht tun.»

Es gefiel Maria in ihrem neuen Heim. Zu Hause bei ihrer Mutter hatte sie keine Freunde gehabt, weil die Familie auf einem Armeegelände lebte, wo es nicht viele Kinder gab, die draußen spielten. Jene Gegend war abgeriegelt, Mutter arbeitete als Krankenschwester im Militärhospital.

Mit der Zeit gab es aber eine Wende. Marias Onkel, der jüngere Bruder ihrer Mutter, heiratete, und die junge Familie zog ebenfalls bei Marias Oma ein. Immer wieder sah sich Maria von der jungen Frau herumdirigiert und dazu aufgefordert, die verschiedensten Arbeiten und Handreichungen zu erledigen, während sie selbst auf der faulen Haut lag. Verweigerte das Mädchen den Dienst, behauptete ihre angeheiratete Tante, dass Maria nichts tun wolle. Die Oma allerdings liebte ihre Enkelin und sah, dass sie täglich litt.

Da sie mittlerweile zehn Jahre alt war, nahm ihre Mutter sie zurück auf den Armeestützpunkt. Im Kreise ihrer Familie, den Brüdern und Schwestern, fühlte Maria sich rasch wieder wohl. Der Einstieg in die fünfte Klasse gelang auch ohne Schwierigkeiten, sie durfte neben einer Freundin sitzen. Nur daheim auf der Straße waren keine anderen Kinder. Das stimmte sie traurig, auch wenn sie damit umgehen konnte, schließlich war sie wieder zu Hause. Doch es betrübte sie, dass sie all die anderen Spielkameraden in Omas Gegend zurücklassen musste.

Nicht nur ihre Mutter, sondern auch eine Tante pflegten im Militärhospital Patienten. Immer wenn Maria ihre Lieben sah, war sie glücklich und hegte den Wunsch, selbst einmal Krankenschwester zu werden. Manchmal machte sie einen Besuch auf der Abteilung und sah, wie die Pflegerinnen mit den Leidenden umgingen. Mutter erklärte, dass sie sich für so eine Berufswahl in der Schule Mühe geben müsse, und so lernte Maria noch besser lesen und gab wirklich alles. Streiche spielen war sowieso nicht so ihr Ding, auch weil die Lehrer sehr streng waren. Pakistanische Schüler haben ihren Ausbildern zu gehorchen und sie zu respektieren.

Freundlich waren die Pädagogen nicht gerade. Sie kamen in die Klasse, spulten ihr Programm ab, und sobald die Zeit verstrichen war, machten sie sich von dannen. Eine Lehrerin fand jeweils harte Worte und bestrafte die Jugendlichen oft, jedenfalls wenn ihr «Nett-sein-Modus» ausgeschaltet war. So stellte sie etwa die Kinder vor die Tür und setzte ihre Doktrin mit schmerzhaften Stockschlägen durch. Dies aber ging an Maria vorüber, da sie gut lesen konnte und ihre Aufgaben immer erledigte.

Nachlässiger waren dagegen die Buben, die dann entsprechend gescholten wurden. Manchmal, wenn die Lehrerin besonders schlecht aufgelegt war und sie die Knaben bestrafen wollte, mussten die Mädchen ihre «männlichen» Schulkameraden mit Ohrfeigen oder mit dem Stock züchtigen. Das war für die Jungen sehr beschämend, und zumindest gaben sie sich in der Folge wieder Mühe.

Maria und ihre Kameradinnen fanden diese Art der Bestrafung freilich lustig, und natürlich scheuten sie sich, richtig fest zuzuschlagen. Einfach so auf sich sitzen lassen mochten die Kameraden das jedoch nicht. Einer, den Maria schlagen musste, meldete sich am nächsten Tag gleich krank. Wesentlich verbreiteter war aber eine ganz andere Gegenmaßnahme: Die Jungen nahmen tags darauf Frösche mit in die Schule und legten diese in die Pulte der Mädchen, die dann, Auge in Auge mit der amphibischen Pracht, zu einem gellenden Kreischkonzert ansetzten. Und schon gerieten die Buben wieder ins Visier der Lehrer. Sie mussten dann halb im Stehen sitzen; diese eigenartige Position war ebenso schmerzhaft wie beschämend.

So fleißig ihre Mutter war, so wenig konnte man dies von Marias Vater sagen. Er arbeitete nicht gut. Er hatte sich als Spengler betätigt, lackierte Autos, und wenn eines beschädigt war, beulte er es aus. Schon während er der Hauptérnährer gewesen war, kam er seiner Pflicht nicht immer nach. Und als Mutter die Stelle auf der Militärbasis angenommen hatte, stellte er seine Arbeit ganz ein, während sie sich neben ihrem Job auch noch um die sieben Kinder kümmern musste. Sie arbeitete hart, um die Familie zu versorgen und alle Bedürfnisse zu stillen.

Der Vater dagegen war nicht sonderlich freundlich zu seinem Nachwuchs, meist war er allerdings auch gar nicht daheim, sondern lebte bei seinen Eltern oder Brüdern. Oft herrschte Streit im Haus, weil Marias Mutter ihn aufforderte, richtig zu arbeiten, statt ihr auf der Tasche zu liegen. Was er aber stets ablehnte.

## Der Hinterhalt

Maria war fünfzehn, als es geschah. Ihre Tante lebte in der Stadt Gujranwala, die mit ihrem unmittelbaren Einzugsgebiet auf 3,5 Millionen Einwohner kommt. Die Tante war Christin, liebte einen muslimischen Mann und entschied sich, ihren Glauben zu wechseln und ihn zu heiraten. Damals war Maria zwölf Jahre alt gewesen und erlebte, wie ihre Mutter stinksauer auf ihre Schwester gewesen war.

Eigentlich hatte diese ihre Liebe geheimhalten wollen, da ihre Eltern eine solche Heirat nicht geduldet hätten. Also hatten sich die beiden heimlich getroffen, bis sich Marias Tante abgesetzt hatte, um sich mit ihm zu vermählen, ohne Feier, sondern im Geheimen. Die ganze Familie war in Aufruhr, weil die Tante sich zum Islam gewandt hatte.

Christinnen, die sich aus freien Stücken zum Islam wenden, führen in der muslimischen Gesellschaft allerdings ein achtbares Leben.

Marias Mutter bedachte damals ihre Schwester und ihren Mann mit allerhand harten Worten. Eine Weile lang waren sie nicht mehr willkommen, nach der Versöhnung aber waren sie wieder oft zu Besuch bei Marias Mutter.

Eines schönen Tages tauchte dieser angeheiratete Onkel auf. Maria war alleine daheim, denn die Mutter war gerade in einer anderen Stadt, in Peschawar, um Verwandte zu besuchen.

«Maria, ich bin gekommen, um dich mitzunehmen», eröffnete der Mann ihr.

«Ich kann nicht mitkommen, meine Mutter ist in Peschawar!», entgegnete sie.

«Oh, ich weiß. Bevor sie dorthin gefahren ist, war sie kurz bei uns. Sie hat gesehen, dass deine Tante sehr krank ist und dass sie jemanden an ihrer Seite braucht. Deine Mutter gab ihr Einverständnis, dass du zu uns kommst, bis deine Tante wieder gesund ist.»

Da dachte der Teenager, dass das so in Ordnung sein müsse. Und so ging die Reise los, in einem rumpelnden weißen Vehikel, das auf einer Buslinie fuhr, die verschiedene Städte miteinander verbindet. Ohne Klimaanlage, dafür mit zerbrochenen Scheiben, durch die eine Brise hereinkam. Die beiden sprachen über alltägliche Dinge: was Maria einmal werden wolle, wie es in der Schule ging und auch über die Krankheit der Tante. Sie habe keine spezielle Krankheit, sagte der Onkel, sie leide einfach unter Fieber, weil ihr Kind bald zur Welt komme.

«Deshalb kann sie nicht mehr im Haus arbeiten, und darum wollen wir deine Hilfe, Maria.»

Maria ordnete verschiedene Gedanken und fragte sich insgeheim, wie die kommende Zeit wohl werden würde. Denn früher war diese Frau nicht besonders nett zu ihr gewesen, und vor der Hochzeit hatten die beiden gar nicht miteinander gesprochen. Auch grübelte sie darüber nach, wie lange sie dort bleiben würde. Eine schwierige Zeit konnte für sie anbrechen, da sie mit ihrer Tante oft alleine sein würde. Sie erwartete ja ihr erstes Kind, und Maria würde folglich keine Spielkameraden haben.

Wie sich herausstellte, war die Tante gar nicht so krank. Um genau zu sein, war sie eigentlich sogar gesund, und die

Geburt ihres Kindes stand kurz bevor. Sie bereitete gerade eine Mahlzeit zu.

«Du bist ja gar nicht krank», bemerkte Maria. «Mein Onkel sagte, dass es dir nicht gut geht. Aber du siehst ganz normal aus.»

«Ich bin nicht krank in dem Sinne. Es ist wegen der Schwangerschaft. Sie beeinträchtigt mich, und ich kann die alltäglichen Dinge nicht mehr in der gleichen Geschwindigkeit wie sonst erledigen.»

Längst war der Abend hereingebrochen, und die drei legten sich schlafen. Drei Tage lang erledigte Maria die Hausarbeiten. Unverhofft erschien am vierten Tag eine ganze Traube von Menschen. Und plötzlich war da auch ihre Tante und brachte ein schönes Gewand in einem knalligen Pink, verziert mit kleinen Perlen. Ein hübsches neues Kleid, wie man es im Alltag tragen kann. Das Kleid war geliehen und nicht speziell für den Zweck angefertigt, für den es nun gleich gebraucht werden sollte, auch wenn es für solche Zeremonien absolut durchgehen konnte. Die Tante reichte ihrer Nichte den schmucken Stoff und sagte: «Es ist an der Zeit, dass du dein Hochzeitskleid anziehst!»

Maria fiel aus allen Wolken.

«Was soll das?»

«Nun, deine Hochzeit beginnt bald, darum sollst du es tragen!»

«Warum tust du das? Ich bin gekommen, um dich zu pflegen, weil du krank bist. Was tust du mit mir? Meine Brüder und Schwestern sind ja gar nicht hier! Wie kannst du meine Hochzeitszeremonie arrangieren?»

«Du tust das jetzt einfach!»

«Du verhältst dich so, als wärst du meine Mutter. Aber du sollst nicht so mit mir umspringen!»

Maria weigerte sich und behielt ihre Kleider an.

Etwa vier Frauen und sechs Männer waren da. Letztere waren mit Pistolen bewaffnet, und einer hatte ein Gewehr dabei, wie Maria es schon bei den Soldaten auf der Militärbasis gesehen hatte. Schon forderten sie von ihr mit vorgehaltenen Waffen, dass sie zwei Dokumente unterzeichnete. Auch ein Imam war dabei und ein weiterer Mann – *ihr* Mann, wie sie nun aufgeklärt wurde. Er lebte ebenfalls in Gujranwala, wenn auch in einer anderen Gegend. Seine Verwandten wohnten in der gleichen Straße wie Marias Tante. Er war schlank, groß, rasiert, hatte braune Haare und war aus pakistanischer Sicht weiß, hatte also eine helle Hautfarbe. Und er hatte Punkte in seinen Augen und konnte im Dunkeln nicht sehen, weshalb er nach acht Uhr abends nicht mehr aus dem Haus ging.

Bis zu diesem Augenblick hatte Maria nichts von ihrer bevorstehenden Ehe gehört. Nur eine Frau kam ihr bekannt vor: Es war die Mutter dieses Kerls, der nun ihr Mann wurde. Sie war zwei Tage vorher an der Tür gewesen und hatte nach Marias Tante gefragt.

«Sie ist nicht da», hatte ihr Maria mitgeteilt.

«Und wer bist du?»

«Ich bin ihre Nichte.»

«Ach so. Nun gut. Sag ihr, dass ich da war. Ich werde dann später wieder kommen.»

## Zur Hochzeit gezwungen

Maria setzte sich entschieden zur Wehr, doch Tante und Onkel prügelten auf sie ein und zwangen sie schließlich zur Hochzeit, die darin bestand, dass sie ein Hochzeitszertifikat unterschrieb sowie ein zweites Zertifikat, mit dem sie ihren «Übertritt» zum Islam bestätigte.

Nun war klar, dass dieser finstere Coup von langer Hand geplant worden war. Zwar hatte der Familienzwist doch einige Zeit angedauert, zuletzt hatte er sich aber relativ schnell entspannt. Nun war klar, warum. Die beiden hatten auf lieb Kind gemacht, um ihre Rachepläne einfacher umsetzen zu können, und Maria war jene Person, die als Opfer herhalten musste.

Es war auch keine echte Feier. Eigentlich wurden einfach ein paar Papiere unterzeichnet, nicht einmal ein Happen zu essen wurde gereicht, selbst Getränke fehlten. Es schien, als würde das Ganze eilen. In weniger als einer Stunde war der Spuk vorbei – doch für Maria sollte er gerade erst begonnen haben.

Als Kind hatte sich die nun 15-jährige Maria, die eigentlich noch die zehnte Schulklasse besuchte, immer gewünscht, dass ihre Hochzeit einmal eine schöne Feier würde, mit gutem Essen, Freunden und einem Mann, den sie mögen und lieben würde. Nun musste sie erleben, wie mit ihr umgesprungen wurde, und sie war bodenlos deprimiert, hatte aber keine Chance, sich zu wehren.

Nun war sie zur «Nikah» gezwungen worden, wie die Heirat auf Urdu heißt. Sie fiel aus allen Wolken, denn sie hatte noch nie zuvor gehört, dass solche schlimmen Dinge geschehen können. Und deshalb dachte sie, dass sie das einzige Mädchen auf der Welt war, dem so etwas passierte.

### «Ich krallte meine Nägel in seinen Nacken»

Ihr Mann und seine Familie waren sehr arm. Sie hatten kein eigenes Haus, die ganze Sippe war unter einem Dach eingemietet, und sie kam kaum über die Runden. Deshalb war auch keiner bereit gewesen, seine Tochter mit ihm zu verheiraten. Während einer langen Zeit war er stets abgelehnt worden, und schließlich hatte die Familie Marias Tante gefragt, die dann diese Vermählung «arrangierte». Und so reagierte auch niemand, als das Mädchen regelrecht zur Hochzeit mit dem 35-jährigen Kerl geprügelt wurde, der ein zwanzig Jahre jüngeres Kind ehelichte.

Gleich am ersten Tag in ihrem neuen Wohnort zwang sie der Mann zum Geschlechtsverkehr. Maria war nicht einverstanden, sie lehnte ihn ab und akzeptierte ihn nicht als ihren Gatten.

«Es war eine Vergewaltigung, da ich ihn weder mit meinem Herzen noch mit meinem Verstand als meinen Mann akzeptierte!»

Jedoch war da das amtlich rechtsgültige Papier mit ihrer – erzwungenen – Unterschrift, und er war somit «autorisiert», mit ihr zu schlafen, ganz gleich, ob sie überhaupt einverstanden war, mit ihm irgendeine Art von Beziehung einzugehen.

«Ich versuchte mich zu verteidigen und es ihm zu verbieten, aber er tat es mit Gewalt. Ich krallte ihm meine Nägel in den Nacken, da verprügelte er mich sehr heftig.»

Ihr «Mann» kannte kein Erbarmen: «Ich bin dein Ehemann, ich kann mit dir tun, was ich will!»

«Ich akzeptiere dich nicht als meinen Mann. Es war keine richtige Hochzeit, zu der meine Eltern und meine Geschwister eingewilligt hätten. Ich akzeptiere diese Heirat nicht!»

«Hier ist das Hochzeitspapier, das du unterzeichnet hast. Die Unterschrift unter dem Vertrag bestätigt, dass ich dein Mann bin!»

Der Alltag war eine ständige wirtschaftliche Krise. Der Kerl war ohne richtige Stelle, aber den Tag hindurch oft weg, und so herrschten im Haus regelmäßig Dispute wegen der täglichen Ausgaben. Seine Mutter und seine Schwestern, die im gleichen Haushalt lebten, verleumdeten Maria abends, wenn er heimkam.

«Den ganzen Tag hat sie nichts getan, sie ist nur auf dem Zimmer gewesen und hat geschlafen!» Er wurde dann jeweils aggressiv und prügelte auf Maria ein.

Die Realität allerdings sah etwas anders aus. Maria wurde von den anderen Frauen als Dienstmagd missbraucht, hatte hin und her zu rennen und zu parieren, und dennoch wurde sie mental fertiggemacht.

In der Anfangszeit waren die anderen Frauen im Haushalt ja gut zu ihr gewesen. Diese Haltung änderte sich von dem Moment an, als bekannt wurde, dass Maria schwanger geworden war. Gerade die Mutter wurde regelrecht zur Furie, denn der Neid fraß an ihr: Als sie nämlich einst geheiratet hatte, hatte es mehrere Jahre gedauert, bis sie ein Kind erwartet hatte. Nicht so bei Maria. Kaum verheiratet, war sie bereits in Erwartung. Und so wiegelte die eifersüchtige Mutter bald ihre Töchter gegen sie auf. Selbst kurz vor der Niederkunft hatte sie noch für die anderen zu schuften.

«Los, wasch die Kleider», herrschte die Schwiegermutter Maria an, als diese im achten Monat schwanger war – gemeint waren natürlich die Kleider der ganzen Familie.

«Mutter, ich habe gerade erst meine Putzarbeiten erledigt. Gib mir nur eine kurze Pause. In fünfzehn, zwanzig Minuten werde ich es tun.»

Diese erwiderte erzürnt: «Bist du blind? Du hast wohl keine Ahnung, wie viele Kleider zu waschen sind? Und du kommst und sagst, dass du dich erst in fünfzehn Minuten darum kümmern willst? Das ist kompletter Unfug!»

«Aber ich lehne es ja gar nicht ab, und ich sage ja auch nicht, dass ich es nicht tun werde. Ich bin sehr müde. Aber wenn ich sage, dass ich es nachher tun werde, werde ich es auch erledigen.»

Voller Ärger und herablassend wurde Maria nun mit allerhand Schimpfwörtern eingedeckt, als «Churi» wurde sie bezeichnet, womit arme christliche Arbeiter in Lehmziegeleien gemeint sind. «Und das Baby in deinem Bauch ist auch eine ‹Churana› und eine ‹Chesthe›, eine Prostituierte!» Daneben ließ die Schwiegermutter gleich noch eine Tirade mit weiteren Beleidigungen auf sie niedergehen.

Maria wehrte sich: «Ich habe dieses Kind nicht von mir daheim mitgebracht, es ist eures!»

«Du Tochter einer Hure, halt die Klappe!», und im gleichen Moment brannte links und rechts eine Ohrfeige. Also machte sich Maria ohne Pause ans Waschen der Kleider.

Am Abend dann klagte die Schwiegermutter ihrem Sohn dramatisch, was seine verzogene Frau sich mal wieder alles erlaubt hätte – die Realität und die Anschuldigungen hatten de facto wenig Berührungspunkte: «Ich habe ihr gesagt, dass sie die Wäsche erledigen soll, sie hat aber abgelehnt und sich schlecht aufgeführt.» Außerdem, so die Mutter in ihrem Rundumschlag weiter, sei das Kind, das Maria bald gebären würde, ein «Haram de beche». So nennt man im nordöstlichen pakistanischen Bundesstaat Punjab einen unehelichen Jungen.

Natürlich sprang der Ehemann auf und prügelte auf die Unglückliche ein. «Ich sagte all das gar nicht. Ich bat nur um eine kleine Pause und versicherte ihr, dass ich mich danach an die Arbeit mache», verteidigte sich Maria vergeblich. Ihr Mann prügelte einfach weiter, bis er schließlich den Raum verließ. Niemand sagte etwas.

Ihr blieb nichts anderes übrig, als auch diese schmerzvolle Episode auszuhalten.

## Die tägliche Hetze

Die Familie unter sich war «glücklich», und so versuchten sie den naiven Mann mehr oder weniger täglich gegen Maria aufzuhetzen. Maria aber fühlte sich in dieser Gesellschaft allein. Niemand interessierte sich wirklich für sie, niemand war bereit, ihr zuzuhören, sich mit ihrer Not zu beschäftigen und den Schmerz mitzutragen, durch den sie ging. Keiner kümmerte sich um sie. Auch war den anderen egal, ob das, was man über Maria erzählte, der Wahrheit nahekam oder nicht. Sie war die Einsamkeit in Person.

Aus irgendeinem Grund war es ihrer Tante und dem Onkel verboten, sie zu besuchen, wobei sie so ziemlich die Letzten waren, mit denen Maria sich hätte treffen wollen. Ihr war es natürlich untersagt, das Haus zu verlassen, da sie wohl kaum zurückgekehrt wäre, und so war sie nicht nur die unfreiwillige Gattin und Haussklavin, sondern auch gleich noch eine Gefangene.

Verantwortung zeigte der ungewollte Lebensgefährte wenig. Er war jetzt Tagelöhner, der in einer Stahlfabrik arbeitete, die unter anderem Besteck herstellte. Deren System sah vor, dass die Werktätigen immer am Wochenende, am Samstag, bezahlt wurden. In Pakistan ist, obschon es ein islamisches Land ist, der Sonntag und nicht der Freitag der gesetzliche Ruhetag.

Ihr Gatte, der noch nicht mal lesen konnte, war dort kein regulärer Arbeiter, und er erschien auch nicht regelmäßig. Sobald er etwas Geld verdient hatte, betrachtete er dieses als sein persönliches Geld und hing mit Kollegen rum, während seine Frau daheimzusitzen hatte. Eigentlich war es keine richtige Arbeitsstelle, er war ja nur ein Tagelöhner, der mal da war und mal nicht, wie es ihm gerade beliebte. Und er strebte gar nicht erst nach einem richtigen Verdienst, um so den täglichen Bedürfnissen seiner Familie irgendwie nachzukommen. Als Analphabet – aber das ist etwas, das man ändern könnte – ist es ohnehin schwer, einen guten Job zu erhalten.

Anders sein Vater. Der war meist außer Haus, weil er in Peschawar in einer Kleiderfabrik arbeitete. Zwar war es den Arbeitern offenbar erlaubt, Textilien mit heimzunehmen, Maria sah jedoch niemals welche davon. Aber der Schwiegervater kam alle ein oder zwei Monate für zwei oder drei Tage nach Hause, und dann brachte er Geld mit. Häufiger konnte er nicht kommen, weil die Reise zu teuer gewesen wäre. Er kümmerte sich auch um Maria, und wenn seine Töchter oder seine Frau mit ihr stritten, ging er dazwischen und erklärte ihnen, dass sie das zu lassen hätten. Er war väterlich zu seiner Schwiegertochter.

Wenn sie zwischendurch wieder einmal gemobbt wurde, wünschte sie sich, dass er doch hier wäre, um sie zu beschützen. Das tat er dann, wenn er zurück war. Wenn er einen Monat weg war und zurückkam, spürte er die Spannung von dem, was in seiner Abwesenheit geschehen war, und dass Maria von den anderen geplagt wurde. Sie musste ihm nicht einmal viel erklären.

Am Anfang durfte sie jeweils am Tisch gemeinsam mit der Familie essen, der Schwiegervater hatte das angeordnet, auch wenn die anderen opponierten. Doch wenn er nicht da war, durfte die «Christin» nicht gemeinsam mit ihnen an der Tafel sitzen. Und so erklärte Maria ihm, dass es schon in Ordnung sei, wenn sie erst später mit dem Essen dran war. Sonst nämlich würde ihr Leben, sobald er wieder weg war, noch schwerer, denn beim Essen wurde sie ohnehin wieder von den andern angegangen. Und ihrem Mann war das ja ohnehin egal.

Der kümmerte sich sowieso um nichts. Sein Vater war es, der das Haus eigentlich führte, und auch deshalb schien Marias Ehemann es nicht nötig zu haben, sein Leben in die Hand zu nehmen und einem geeigneten Broterwerb nachzugehen.

Er sagte immer: «Wenn mein Vater alt ist, ja, dann werde ich arbeiten.»

Maria antwortete darauf: «Du solltest auch jetzt einer echten Erwerbstätigkeit nachgehen. Natürlich kannst du auch erst beginnen, wenn dein Vater alt ist, aber das Geld reicht heute fast nicht zum Leben. Deshalb musst du jetzt schon richtig arbeiten, um uns zu versorgen!»

Er zankte sich dann noch weiter mit Maria und schlug sie bei solchen Gelegenheiten wiederholt grün und blau.

Marias Vorschläge, dass sie Kinder hüten könne, um ein kleines Entgelt zu verdienen, schlug er in den Wind.

Das war der grundsätzliche Lebensstil im Haus: Vater arbeitete, der Rest schlug die Zeit tot und sah keinen Grund, mit anzupacken, um die missliche Lage zu verbessern. Die Rupien des Vaters reichten ja, um so einigermaßen zu überleben. Wozu also mehr tun? Neben seinem Sohn hatte der Mann sieben Töchter, zwei waren verheiratet, die anderen aber lebten noch im gleichen Haus. Mit der Schwiegermutter, Maria und ihrem Mann sowie den Schwestern lebten also neun Leute – die meisten davon erwachsen – aus der Hand eines einzigen Ernährers.

Nur Marias beide jüngeren Schwägerinnen gingen noch zur Schule, die drei älteren saßen daheim herum. Eine von ihnen war zwar Näherin, aber sie stand nicht in Lohn und Brot. Sie übte dieses Handwerk nur aus, um Kleider für die Verwandten zu schneidern. So erhielt sie natürlich kein Geld, und sie tat es nur von Zeit zu Zeit, zum Beispiel wenn jemand heiratete.

Meist stand die Sippe spät auf, aß eine Kleinigkeit, und dann saß man mit der Mutter zusammen. Dabei wurde manchmal beraten, was man Marias Mann wieder Schlechtes über ihren angeblich laschen Tagesablauf erzählen könnte. Hinterher wurde ferngesehen, geschlafen oder mit irgendwelchen Gefährtinnen herumgehangen.

Währenddessen hatte Maria unter Androhung von allerhand Strafen den Haushalt zu führen. Was die Tratschtanten ausheckten, bekam sie dann abends zu spüren, wenn der Tunichtgut sich nach Hause bequemte, um über sie herzufallen. Manchmal prügelte er sie auch, ohne überhaupt zu hören, was sie nun angeblich alles verbrochen hatte. Marias Standpunkt interessierte ihn nicht. Rabiat langte er zu.

Immer wieder fragte sich Maria, warum das geschehen war und warum sie das alles tun und erleiden musste. Einen Ausweg sah sie nicht, es blieb ihr nur der Gehorsam. Und so putzte und wusch sie, ohne jemandem ihre Gefühle mitzuteilen, denn das verschlimmerte ihre Lage nur noch. Die Befehle zu befolgen war der einzige Weg, die Situation einigermaßen unbeschadet zu überstehen.

«In meinem Herzen fühlte ich mich Jesus sehr nahe. Ich war Christin geblieben, und ich wollte zurück zu meiner Familie und in die Gemeinschaft der Christen. Ich betete täglich.»

Ihr Mann und die anderen Familienmitglieder waren sich nicht sicher, ob sie eine Christin geblieben war, denn zu ihrem Schutz tat sie so, als wäre sie Moslemin geworden. Mit der Zeit fragte sie sich auch, ob es Gottes Wille war, dass sie in diesem Clan war, und so akzeptierte sie die Umstände manchmal sogar.

## Stolze Schwestern

Wenn Besucher kamen, bot ihnen niemand etwas an – außer Maria, die sie mit Wasser, Tee oder etwas zu essen versorgte. Und so wurden ihre Manieren von den Gästen gerühmt und das Mädchen wurde endlich von jemandem gemocht. Vor allem auch, weil einem früher in diesem Haushalt wenig Liebevolles entgegengeströmt war. Maria aber bot nun genau das, und es wurde erwidert. Sie wussten zwar, dass Maria eine ehemalige Christin war, dennoch wurde sie von den Besuchern respektiert und geliebt.

Die Freude war dann jeweils in null Komma nichts verflogen, wenn der Letzte gegangen war. Dann wurde ihr Mann mit allerhand Vorwänden und Anschuldigungen von der häuslichen Neidfraktion gegen Maria aufgehetzt, bis es erneut Prügel setzte.

Und so schleppten sich die Tage, Wochen und Monate dahin. Die Schwestern hingen im Haus herum und planten dann und wann weitere Attacken gegen Maria, für die sich ihr Bruder bereitwillig instrumentalisieren ließ. Oft nach dem gleichen, einfach gestrickten Muster: «Maria hat dies und das nicht getan, sie war nicht gehorsam und hat sich schlecht aufgeführt ...» Solche Mängel konnte der herumlungernde

Ehemann natürlich nicht durchgehen lassen. Nur allzu leicht ließ er sich dazu bringen, seine Frau zu schlagen.

Grundsätzlich hatte Maria die stolzen Schwestern zu meiden. «Diese Churi ist keine schöne Frau» und ähnliche abfällige Bemerkungen musste sie über sich ergehen lassen. Selbstverständlich ärgerte sie sich, aber da war niemand, dem sie ihre Gefühle hätte anvertrauen können, sie konnte alles nur mit sich selbst verarbeiten. Sie wurde mit keinem Lächeln, keiner netten Geste bedacht. Es blieben ihr nur zwei Dinge: Gebet und Tränen.

Die Schwägerinnen hatten einen Grund, warum sie Maria so behandelten: Wenn sie einmal heiraten würden, würden sie bei ihrem Mann leben, so viel war klar. Und sie wollten gleichzeitig bei späteren Besuchen in ihrem ursprünglichen Zuhause von ihrem Bruder willkommen geheißen und umsorgt werden. Darum wollten sie dafür sorgen, dass er nicht auf Maria hören würde, wenn sie einmal weg sein sollten. So versuchten sie den Teenager bei ihm möglichst schlechtzumachen. Sie wollten nicht, dass Maria einmal das Haus regieren würde, und impften ihm bei jeder Gelegenheit ein, wie schlecht seine Frau doch war.

Ihre Furcht war, dass Maria sich ihrem Mann später – ohne den Schwägerinnen-Filter dazwischen – mitteilen könnte und er sie als Gegenüber wahrnehmen und schätzen würde. Das aber war in ihrem Zukunftsszenario nicht vorgesehen. Denn sie wollten auch als verheiratete Frauen bei Besuchen bevorzugt behandelt werden, und da war in ihren Augen kein Platz für Maria.

Als sie noch in der Schule gewesen war, hatte Maria gehört, dass es Liebeshochzeiten gibt. Solche, die nicht von den Eltern organisiert werden. Manchmal geschehen solche Eheschließungen auch zwischen Christinnen und Moslems, was Maria aber nicht gut fand, denn moslemische Väter würden in einer moslemisch-christlichen Ehe niemals akzeptieren, dass das gemeinsame Kind im christlichen Glauben erzogen und unterrichtet wird. Und in der Schule erlebte Maria oft, wie islamische Klassenkameraden versuchten, ihre nicht-moslemischen Gefährten zu einem Glaubensübertritt zu bewegen: «Maria, verlass die Christenheit und werde Moslemin, dann kommst du in den Himmel.»

Das gehört für die Kinder religiöser Minderheiten zum Schulalltag. Dabei wird mit Versprechungen versucht, andere zu ködern. Würde aber ein christliches Kind einem Mitschüler empfehlen, den Islam zu verlassen und Christ zu werden, würde es damit Blasphemie begehen (und das, obwohl Christen von Moslems manchmal als «heilige Cousins» bezeichnet werden).

Nun also war Maria genau so eine Misch-Hochzeit widerfahren, wenn auch nicht aus Liebe. Im Gegenteil.

Nach wie vor hatte sich nichts geändert. Noch immer war ihr nicht erlaubt, gemeinsam mit dem Rest der Familie zu essen, weil sie keine Moslemin war. Auch wenn die Familie bei anderer Gelegenheit ganz besonderen Wert auf das Konvertierungszertifikat legte …

In der Regel blieb genug für Maria übrig, außer wenn das Essen gut war und die anderen bereits alles verspeist hatten. Dann fiel Marias Mahlzeit aus, und sie konnte an diesem Tag nur zweimal essen. Lediglich für eine kurze Zeit hatte sich dies gebessert, als sie im dritten Monat schwanger gewesen war. Damals war ihr Gemahl zum Milchmann gegangen und hatte ihn angewiesen, dass er Maria täglich mit Milch versorgen solle. Das ging eine Woche gut, bis die Schwiegermutter dermaßen neidisch wurde, dass sie Marias Mann so lange in den Ohren lag, bis dieser seinen Auftrag zurückzog.

Die Sippe wusste nichts weiter zu tun, als das Mädchen zu beobachten in dem, was sie tat und aß, und darauf bedacht zu sein, dass es ihr nicht etwa zu gut ginge. Beim Essen lag das ohnehin in ihrer Hand. Wurden beispielsweise Huhn und Kartoffeln aufgetischt, blieben für Maria die Kartoffeln mit Sauce, während das Fleisch von den anderen verzehrt wurde. Obwohl sie während ihrer Schwangerschaft auch diese Nährstoffe benötigt hätte.

Sie vermisste die Jahre ihrer unbeschwerten Kindheit sehr. Damals, als ihre richtige Mutter Speisen zubereitete und dann gemeinsam gegessen wurde. Maria hatte kein Leben mehr, sie war für Fremde zur Sklavin geworden. Selbst ihr Mann hätte nicht zugelassen, dass sie mit den anderen isst, denn seine Mutter hätte dies dem 35-Jährigen ganz schnell wieder ausgeredet. Und weil Maria eine Christin war, wollte die Sippe in der Regel auch nicht, dass sie in die Küche ging.

Für 80 000 Rupien, zu der Zeit etwa tausend US-Dollar, hatte die Familie sie ihrer Tante und ihrem Onkel abgekauft. Das hat Maria später herausgefunden.

## Das Kind – und neue Sorgen

Und dann folgte die Geburt. Als sie ihr Baby in den Armen hielt, fühlte sie sich mit ihm verbunden und hatte gleichzeitig einen weiteren Grund zur Sorge. Denn die anderen Familienmitglieder gingen mit dem Kleinen alles andere als gut um, und so entschied Maria, dass sie ihr Kind mitnehmen würde, falls sie irgendwann dieser unseligen Sippe entkommen könnte.

Das Nikah-Papier war der Familie sehr wichtig; völlig egal, dass Maria es ablehnte. Genauso wichtig war der Familie in gewissen Situationen jenes Zertifikat, das sie als Moslemin auswies. Dieses zweite Dokument war der Familie im trüben Alltag allerdings ebenfalls egal. Die Mutter hatte einfach eine Frau für ihren Sohn gewollt, die ihm Kinder gebar. Zu lange hatten sie vergeblich nach einer Frau für ihn gesucht.

Gleich nach der Geburt fühlte Maria sich etwas entspannter. Das Baby beschäftigte sie, brauchte ihre Aufmerksamkeit. Wenn jemand mit ihr einen Streit anzettelte, dachte sie nicht mehr lange über die Worte nach, die ihr an den Kopf geschmettert wurden, sondern kümmerte sich einfach um das Kleine, das meistens bei ihr war. Bald stellte Maria fest, dass die anderen Sippenmitglieder das Kind nicht sonderlich mochten, sie zeigten sich ihm gegenüber wenig anhänglich. Es zählte nur, dass der Sohn jetzt einen ersten Nachkommen hatte.

Wenn die Kleinkinder der Schwiegerfamilien – es mochten sechs oder sieben gewesen sein – abends gemeinsam auf dem Dach spielten, sobald sich die Hitze des Tages gelegt hatte, dann bekam ihr Kleines öfter mal Schläge, mitunter auch, weil es einfach das Jüngste war.

Selbstverständlich beschützte Maria dann das Geschöpf, das sie zur Welt gebracht hatte. Auf verletzende Art und Weise mischte sich dann auch die Schwiegermutter in solchen Momenten ins Geschehen ein und fuhr Maria an, warum sie denn mit den anderen Kindern derart schimpfe. Maria erklärte ihr die Lage, doch von Gleichberechtigung für den Kleinen war keine Rede. Die Mutter meinte bloß: «Das Kleine ist das Baby einer Christin, einer ‹San›.» So werden Christinnen abwertend genannt.

Längst war sie nur noch zerschlagen von den täglichen Beleidigungen und der Qual, mit diesen Leuten leben zu müssen. Je länger, je intensiver fasste sie Fluchtgedanken. Ausgereift waren die Überlegungen aber noch nicht.

Einerseits dachte sie daran, dass es das Beste wäre, in der Winterzeit zu fliehen, da die Nächte länger und dunkler waren als im Sommer. Wenn alle im Bett wären, dann könnte sie das Weite suchen. Andererseits bedrückte, ja lähmte sie der Gedanke, nicht zu wissen, was dann mit ihr geschehen würde. Sie hatte ja keine Ahnung, wohin sie gehen sollte. Man darf nicht vergessen, dass sie in all dieser Zeit keinen Fuß vor die Tür hatte setzen dürfen – abgesehen von den spärlichen Besuchen in der Klinik während der Schwangerschaft. Und diese natürlich nur in «sicherer» Begleitung.

Vor der Geburt hatte sie einen ersten Fluchtversuch unternommen, und als das Baby da war, probierte sie es erneut, nur um abermals kläglich zu scheitern. Sie hatte es gerade einmal bis zur Türschwelle geschafft, als sie erwischt wurde. Es war an einem Nachmittag im Sommer gewesen, kurz nach dem Essen. Die anderen Hausbewohner hatten sich gerade zu einer Siesta hingelegt. Maria packte das Nötigste und das Baby unter den Arm und machte sich auf leisen Sohlen auf in Richtung Ausgang. Genau in dem Moment aber erschien die Schwägerin, die in der Nähe lebte und öfter zu Besuch war, in der Tür.

«Maria, wo willst du denn hin?»

«Ich besuche nur unsere Tante.» Denn die wohnte ebenfalls nicht weit weg.

Freilich kam sie damit nicht durch, denn dass sie das Haus nicht zu verlassen hatte, war auch der Schwägerin bekannt. Die schlug umgehend Alarm, und am Abend wurde ihrem Mann zeternd die jüngste «Entgleisung» seiner ach so bösen

Frau geschildert, worauf dieser es sich nicht nehmen ließ, sie zu züchtigen.

Damit sie nicht gleich noch weitere Anstrengungen unternehmen würde, um dieses wunderbare Familienidyll hinter sich zu lassen, wurde sie vorerst ins Hinterzimmer eingeschlossen. Auch das Baby durfte sie nur noch zum Stillen berühren, die restliche Zeit nahm man es ihr weg. Es weinte in dieser Zeit oft. Man legte es einfach auf das «Charpai», wie man das Bett in Urdu nennt. Niemand kümmerte sich um das schreiende Häufchen Elend. Maria rief jeweils, man solle es ihr doch bringen, aber sie wurde erst erhört, wenn das Kleine fünfzehn oder zwanzig Minuten lang geschrien hatte.

Vier Tage lang war sie in diesem Raum eingeschlossen. Sie wollten sie spüren lassen, was sie Schlimmes angestellt hatte. Nur wenn sie ins Bad musste, öffnete ihr jemand. Sie war wütend in diesem Gefängnis, und sie fragte sich, warum sie das über sich ergehen lassen musste. Und noch schlimmer war für sie, dass das Baby derart leiden musste. Die Familie hatte wohl vergessen, dass sie beide menschliche Wesen waren.

Als Maria anfangs in die Familie kam, durfte sie nicht einmal aufs Hausdach, was für sie sehr schlimm war, da die Flachdächer vielerorts zum Lebensraum gehören. Man erreicht sie in aller Regel über eine Treppe im Gebäudeinnern. Erst als das Baby geboren war, durfte sie nach oben, um frische Luft zu schnappen. Aber nicht allein, sie wurde immer überwacht.

Eigentlich hätte sie ja ohnehin nicht über das Dach entkommen können, da ringsherum weitere Häuser standen. Und auch eine Flucht in Richtung der Straße war ausgeschlossen, da dort der Aufbau des Treppenhauses den Weg versperrte. Diese Seite war dann doch schlicht zu hoch.

Und so war für Maria dieses sehr kleine Haus eigentlich ein Kerker. Es gab auch keinen Innenhof oder Garten, wo sie sich zumindest im Freien hätte aufhalten können. Vergeblich bat Maria darum, ob sie nicht doch auch nach draußen gehen dürfe.

Durch das Fenster konnte man auf die staubige Straße sehen, es hatte sogar Glas drin und einen Vorhang davor, was nicht selbstverständlich ist. Nur ein Ventilator brachte die Luft etwas in Bewegung, zumindest während der Zeit, in der der Strom nicht gerade ausfiel, was in Pakistan selbst in den Großstädten zum Alltag gehört.

Allzu oft mochte sie aber gar nicht nach draußen sehen. Und Kontakt knüpfen konnte sie auf diesem Weg ohnehin mit niemandem, weil immer jemand ein Auge auf sie hatte. Hilferufe wären undenkbar gewesen, die hätten niemanden gekümmert. Das Gesetz ist in solchen Fällen nicht auf der Seite der Entführten.

Falls sie es doch getan hätte und doch jemand herangetreten wäre – vielleicht sogar ein Polizist –, wären Marias Besitzer einerseits sofort mit der Nikah-Urkunde bei der Hand gewesen, die ja sogar ihre eigene Unterschrift trug. Und sie wären andererseits auch nicht müde geworden zu betonen, dass Maria laut dem anderen unseligen Papier ja zum Islam übergetreten sei. Und flugs wäre die Angelegenheit erledigt gewesen, Maria wäre nicht einmal mehr gefragt worden.

Zwar war die Familie irgendwie stolz, jemanden in den eigenen Reihen zu haben, der dank ihrem «Einsatz» vom Christentum zum Islam konvertiert war, gleichzeitig wurde Maria aber – ein Widerspruch in sich – immer noch wie eine verpönte Christin behandelt, auch wenn Maria ihnen gar nicht zeigte, dass sie noch immer wie eine Christin lebte, dachte, fühlte. Sie betete in der Nacht und am frühen Morgen unbemerkt. Um dem Sohn eine Gemahlin zu sein, wurde sie als Moslemin akzeptiert, gleichzeitig durfte sie jedoch nicht mit den anderen am Tisch essen, weil sie eine Christin war.

Wenn Maria mit ihrer Arbeit fertig war, durfte sie sich etwas erholen. Alleine. Im Grunde wollte sowieso niemand mit ihr reden. Die Dialoge beschränkten sich ohnehin meist nur auf: «Tu das …» – «Tu jenes …» Und: «Mach das noch …»

Die Kommunikation bestand in erster Linie aus Anordnungen. Niemand fragte, was sie zum Beispiel gerne essen würde. Wenn der ganze Clan mal weg war, um bei jemandem Filme und Dramen im Fernsehen anzuschauen, wurde die Tür von außen abgeschlossen, und Maria blieb alleine zurück. Eine Flucht aus dem Fenster brauchte sie auch nicht in Erwägung zu ziehen, denn dieses war ausgerechnet auf der Seite, wo der Onkel sein Haus hatte. Eine solche Bewegung wäre vom gegenüberliegenden Haus aus unverzüglich bemerkt worden, auch dort wohnte eine ganze Sippe.

## Keine Monatsblutung

Seit der Geburt des Söhnchens arbeitete Marias Mann mehr, und er brachte Essen heim. Als das Baby etwa drei Monate alt war, gaben ihm die Schwiegermutter und eine Schwägerin «Roti» (ein Fladenbrot) zum Frühstück, am Mittag und auch am Abend; eine Nahrung, die ein so kleines Kind noch nicht verträgt und nicht gut verdauen kann. Es dauerte nicht lange, und das arme Würmchen weinte wegen der Bauchkoliken. Von Tag zu Tag wurde sein Zustand kritischer.

Längst hatte Maria protestiert, aber vor allem die Frauen waren nicht bereit, mit ihm zu einem Arzt zu gehen. Bis ihr

Mann dann endlich doch ein Einsehen hatte. Als der Mediziner vom verabreichten Brot erfuhr, wurde er wütend: «Warum tut ihr das? Wärt ihr nicht zu mir gekommen, wäre es vielleicht sogar gestorben!»

Von da an entschied der Doktor, was dem Baby zu essen gegeben werden durfte und was nicht. Für die verordnete Nahrung war aber zu wenig Geld da, und so schob ihr Mann verschiedentlich Maria vor, die bei einem Onkel um ein paar Rupien betteln sollte, da sie bei ihm mehr Gunst genoss als er selbst. Und so konnte Medizin für das Kleine gekauft werden, und Maria konnte ein klein wenig zur Seite legen. Wenn der Mann dann den Lohn heimbrachte, wurde dem Verwandten das geborgte Geld zurückerstattet.

Irgendwann blieb Marias Periode aus, und sie fürchtete, wieder schwanger zu sein. Das erste Baby war mittlerweile elf Monate alt. Maria wollte nicht schon wieder ein Kind von diesem Mann. Die Familie fuhr in die Klinik. Der Arzt erklärte, dass sie sehr schwach aussehe und dass eine Krankheit die Ursache für das Ausbleiben der monatlichen Blutung sei. Eine genauere Untersuchung wurde nicht gemacht.

Wieder daheim, überlegte sie intensiver denn je, wie sie aus diesem Umfeld entkommen konnte.

Und dann war die Gelegenheit urplötzlich da. Zuerst war es nicht anders als in jeder anderen Nacht auch. Alle schliefen, die Schwiegermutter und die Schwestern auf dem Dach, und Maria mit ihrem Mann in einem der Räume. Geschlafen wurde auf Betten, die aus ein paar Holzpfosten bestanden und aus vielen Metern dicker Schnur, die engmaschig zusammengeflochten eine Liegefläche ergaben. Solche Betten sind weit verbreitet, man kann sie zur Seite stellen und abends, wenn man sich hinlegen will, einfach hervorholen oder sie aufs Dach bringen. Und wenn Regen einsetzen sollte, ist man mit ihnen schnell wieder im Trockenen.

Um elf Uhr abends erhob sich Maria, um rasch ins Bad zu gehen. Im Halbdunkel griff sie nach der Seife, die auf einem Brett lag. Bei dieser Bewegung stieß sie an einen Gegenstand, der auf den Boden fiel. Ein metallenes Klirren ertönte, aber es schien nichts zerbrochen zu sein. Als sie das mysteriöse Objekt aufhob, fuhr ein kalter Schauer durch Maria hindurch: Es war der Schlüssel zur Haustür.

## Eine einmalige Chance

Normalerweise hatte die Schwiegermutter diesen Schlüssel nachts stets bei sich, weil ja allgemein bekannt war, dass sich Maria in diesem Haus nicht eben glücklich fühlte. Diesmal aber schien sie ihn vergessen zu haben. Endlich eröffnete sich eine Gelegenheit zur Flucht. «Herr, wenn das der Weg ist, dann bitte hilf mir beim weiteren Vorgehen!»

Mucksmäuschenstill horchte Maria ins Haus hinein. Regte sich da etwas oder nicht? Leise legte sie sich wieder hin, freilich nicht, um Ruhe zu finden. An Schlaf war gar nicht mehr zu denken. Die erste und vielleicht letzte Chance, um dem ganzen Unheil zu entrinnen, war unverhofft gekommen. Sie wälzte ihre Gedanken hin und her. Sollte sie es wagen oder nicht? Würde sie erwischt werden, konnten die Konsequenzen erschreckend sein. Ob die Familie sie sogar umbringen würde?

Gleichzeitig vertraute sie Gott, dass es sein Plan war, dass sie auf diese Weise aus dem Gefängnis entkommen konnte – und dass er auch das Gelingen schenken würde. Auf der anderen Seite bestürmte sie die Furcht mit Gedanken, was man alles mit ihr anstellen würde, sollte sie auffliegen.

Der Glaube behielt die Oberhand. Um drei Uhr in der Früh packte sie leise eine kleine Tasche mit Kleidern für sich und das Baby. Behutsam suchte sie das Nötigste zusammen. Die Zeit mochte auf etwa vier Uhr vorgerückt sein, als ihr Mann erwachte. Er war der Einzige, der auch nicht auf dem Dach schlief. Er sah, dass sie nicht im Bett war.

«Maria, was tust du?»

«Nichts, ich füttere nur den Jungen. Ich gehe jetzt auch gleich wieder schlafen.»

Und schon schlief ihr Gatte wieder. Sollten das die letzten Worte der Eheleute gewesen sein?

Die Minuten glitten dahin, es war wohl etwa halb fünf. Mittlerweile war auch ihr Mann wieder in Tiefschlaf versunken. Ihren Schal hatte sie, wie es manche pakistanische Frauen tun, so um den Kopf gewickelt, dass nur ihre Augen sichtbar waren, um unterwegs möglichst wenig Aufsehen zu erregen.

Sorgsam hob sie nun ihren kleinen Jungen hoch, den sie ebenfalls unter dem Schal verbarg. Vorsichtig drehte sie den Schlüssel im Schloss der Holztür, tunlichst jedes Geräusch vermeidend. Langsam öffnete sie die Tür, schlüpfte hinaus und zog die Tür hinter sich zu, um sie von außen wieder abzuschließen. Aus dem Inneren war kein Geräusch zu hören, alle schliefen weiter. Dann ließ sie den Schlüssel in die Kanalisation fallen und enteilte in die Dunkelheit. Es war September, zu dieser Jahreszeit sieht man nachts wegen der mangelnden Straßenbeleuchtung nur wenig.

Um möglichst nicht aufzufallen, rannte sie nicht. Es reichte, dass sie schnell marschierte. Bewusst wählte sie einen kleinen Umweg, um nicht an den Häusern von mehreren Verwandten vorbeigehen zu müssen. Nicht dass sie vielleicht noch von jemandem entdeckt würde! …

Angst, dass das Baby plötzlich zu schreien begänne, verspürte sie nicht, es fühlte sich sicher und schlief tief und fest. Und hätte es in der Wohnung geschrien, hätte sie geltend gemacht, dass es hungrig war und sie es nun fütterte, und die Sache wäre vermutlich vom Tisch gewesen.

Die ungleich größere Gefahr sah sie darin, dass ihr jemand folgen und sie stellen würde. Auch so drehte man den Kopf nach ihr, denn um diese Zeit waren hier selten Frauen alleine unterwegs. Zumindest nicht solche, die in einen Schal gewickelt und schnellen Schrittes unterwegs waren.

Nach fünfzehn Minuten in zügigem Tempo erreichte sie einen Straßenknoten, von dem aus sie mit einer Rikscha weiterreisen wollte. Kaum im Gespräch mit dem Fahrer, folgte der Schrecken: Auf der anderen Straßenseite sah sie den Schwiegervater von einer ihrer Schwägerinnen stehen. Und was noch schlimmer war: Er sah *sie*.

## Kein Geld für das Ticket in die Freiheit

Seine Blicke ruhten auf ihr, er mochte etwa fünfzehn Meter von ihr weg sein. Doch er verfolgte sie nicht, sondern war auf dem Weg zum Frühgebet in der Moschee. Er war bereits ein alter Mann mit Brille, der überdies noch schläfrig war; außerdem war Maria verschleiert. Weil aber dort drüben eine Frau um diese Zeit bereits unterwegs war, hatte er ein wenig verdutzt länger herübergeschaut. Wenigstens konnte er das Kind nicht sehen, da dieses in den Schal gewickelt war.

Dennoch war die Situation nicht ungefährlich. Er hätte auch herüberkommen können und fragen, ob alles in Ordnung sei und wo sie hinwolle. Schließlich kannte man sich in diesem Stadtteil, und so hätte er sie auf diesem Weg ertappen können, auch wenn er sie zuerst gar nicht erkannt hatte. Aber nun, er reagierte nicht …

Dennoch waren ihre Augen mit Tränen gefüllt, denn neben dem Schreckensszenario, das sich durch den Alten grimmig aufzutürmen drohte, eröffnete sich gleich noch eine zweite Front vor Maria: Sie hatte viel zu wenig Geld, um die Fahrt zu bezahlen. Sie wollte mit der Rikscha zum Busbahnhof, um von dort aus mit einem Überlandbus nach Lahore zu fahren; zurück zu ihrer *richtigen* Familie. Aber sie hatte in der ganzen Zeit nur vierzig Rupien zur Seite legen können; manchmal hatte sie etwas Geld erhalten, damit sie sich etwas für das Baby kaufen lassen konnte. Und da war manchmal eine Kleinigkeit übrig geblieben.

Aber die wenigen Rupien reichten nicht einmal für die Rikscha. Der Fahrer sagte, dass der Tarif für diese Strecke sechzig Rupien betrage. Weinend erklärte Maria, dass sie nur vierzig habe. Was nun? Sollte die Flucht hier enden? Und falls ja, wie weiter?

Der Fahrer beruhigte sie und sagte, dass er sie dennoch mitnähme. Für fast nichts. Er hatte Bedauern. So saß sie in einer dieser dreirädrigen Rikschas und rollte in Richtung Busstation. Noch war wenig Verkehr. Anders, als es in wenigen Stunden aussehen würde, mit all den Autos, die sich täglich durch den Drei-Millionen-Moloch wühlen, den Eselskarren und Traktoren, den Motorrädern, die manchmal unter der Last von drei oder gar vier Personen ächzen, und den Fußgängern, von denen der ein oder andere der Ewigkeit näher ist als der gegenüberliegenden Straßenseite.

Heil bei der Busstation angekommen, erklärte der Rikscha-Fahrer dem Mann, der die Tickets verkaufte: «Sie ist meine

Schwester und will nach Lahore. Lass sie bis zur Station fahren, wo sie hinwill!»

Kaum war Maria in das klapprige Blech-Ungetüm geklettert, kehrte die Angst zurück. Angst, dass die Familie ihre Flucht bereits entdeckt haben könnte und sie schon nach ihr forschen würden. Angst, dass sie bald genau *hier* nach ihr suchen würden. Wie auf Nadeln sitzend, wartete sie darauf, dass der Motor anspringen würde und sie diese Stadt endlich würde hinter sich lassen können.

Sie musste gar nicht so lange warten: Nach fünfzehn Minuten schnurrte der Motor, und das Gefährt setzte sich langsam in Bewegung Richtung Heimat. Nun fiel die Last von ihr ab, und sie konnte sich mehr und mehr entspannen. Der Weg war ihr vertraut, da sie bereits früher mit ihrer Großmutter dieses Verkehrssystem genutzt hatte.

## Wieder gejagt

Nach rund zwei Jahren der Erniedrigung und Gewalt in der Zwangsehe kam Maria morgens um half elf Uhr in Lahore an. Der Bus stoppte an der Hauptstation. Und Maria wechselte in einen Van, der in Richtung ihrer Wohngegend fuhr. Das Ticket kostete bescheidene fünf Rupien. Von der Haltestelle aus musste sie noch zehn Minuten zu Fuß gehen, ehe sie vor dem vertrauten Haus stand. Endlich daheim.

Sie klopfte.

Die Mutter öffnete.

Totale Überraschung.

Dennoch musste die Mutter umgehend ins Militärhospital, doch zwei Brüder und die jüngere Schwester waren daheim. Und schon war auch ihre Mama wieder da. Sie hatte in der

Klinik mitgeteilt, dass sie wegen eines Notfalls gleich wieder gehen müsse.

Bald war auch ihr Vater im Haus. Er war wütend. «Du hättest das Haus nie verlassen dürfen!», ließ er seinen Emotionen freien Lauf. Als Maria erklärt hatte, wie sie weggelockt worden war, richtete sich der Ärger gegen die Tante und den Onkel, die das ganze Elend zu verantworten hatten. Nun erzählte Maria die ganze traurige Geschichte.

Und sie hörte auch, wie die Eltern nach ihr gesucht hatten, wie sie die Polizei eingeschaltet hatten, bei den Verwandten nachgeforscht und eine Vermisstenanzeige aufgegeben hatten. Alles vergeblich. Auch Klassenkameraden hatten sich an der Suche beteiligt. Niemand hatte ein Ahnung gehabt.

Bald schon sprachen die Eltern mit mehreren Verwandten, auch darüber, ob man jetzt juristisch vorgehen solle. Der Gedanke, die Verursacher vor Gericht zu ziehen, wurde schließlich verworfen. In einem Rechtsstreit mit den gewissenlosen Kidnappern hätten diese womöglich zu einem Gegenschlag ausholen können. Denn das Zertifikat, das Maria als Moslemin auswies, plus die Heiratsurkunde hätten zum Entscheid führen können, dass eine Moslemin nicht von Christen erzogen und beherbergt werden dürfe und sie zurück zu ihrem Mann zu gehen habe.

Diese Sorge war nur allzu berechtigt: Wenige Tage später schickte die Tante eine Späherin vorbei. Es war eine Frau, die ihre Mutter zwar nicht kannte, die aber Maria schon im Haus der ominösen Tante gesehen hatte. Nun tauchte sie einzig und allein deswegen hier auf, um herauszufinden, ob Maria wieder zurück bei ihren Eltern war.

Maria war gerade alleine im Haus, in der Küche. Weil die Tür offen stand, kam die Fremde direkt herein, ohne – diplomatisch gesagt – jemanden mit Klopfgeräuschen zu belästigen. Der Junge spielte im Korridor. Maria erstarrte, als sie die Frau erblickte. Sie war aber noch nicht entdeckt worden. Die Furcht, dass die Gefährtin ihrer Tante sie verschleppen könnte, hatte sie sofort in ihrem Griff. Doch in dem Moment tauchte ihre Mutter hinter der Fremden auf.

«Ich muss noch mal nach draußen, dann kümmere ich mich gleich um Sie», begrüßte Mama die Frau.

Doch darauf wartete der weibliche Eindringling nicht. Kaum war die Mutter von der Bildfläche verschwunden, nahm sie die Beine in die Hand. Durch Erkundigungen in der näheren Umgebung hat sie dann aber erfahren, dass Maria wieder im Kreise ihrer Familie weilte.

Kaum war die Mutter zurück im Haus, war Maria klar, dass die Fremde nur zum Schnüffeln hier gewesen sein konnte. Zwar suchten Mutter und sie noch nach ihr, auch an der Bushaltestelle, doch sie war nicht mehr da.

Drei Tage später aber folgte ein erschreckendes Wiedersehen. Marias Mann und seine Eltern tauchten auf, sie mussten die Adresse von der Spionin erhalten haben. Die Türe blieb verriegelt, die Mutter verwehrte den Peinigern den Zutritt. Also lärmten sie auf der Straße: «Wir sind gekommen, um Maria zurückzuholen!»

Diese war erschüttert und fürchtete, dass sie wieder entführt werden könnte. «Warum nehmt ihr eine Moslemin in euren Haushalt? Ihr seid Christen!» Und die draußen laut gerufenen Anschuldigungen wurden noch heftiger: «Warum habt ihr das Mädchen aus unserem Haus geraubt und sie zum Christentum bekehrt? Wir erlauben das nicht!»

Die Mutter wehrte sich: «So geht eben vor Gericht, dann sehen wir uns dort!» Rasch schaukelte sich die Szene zu einem gehörigen Durcheinander hoch. Die Nachbarn forderten vehement Ruhe, und nach einigem Hin und Her machten sich die Störenfriede wieder davon. Immerhin wohnten in den umliegenden Häusern auch Offiziere des militärischen Stützpunkts, und so war der Tumult bald beendet.

Es sollte aber erst der Anfang gewesen sein. Insgesamt tauchten die ungebetenen Gäste etwa zehnmal auf. Jedes Mal entbrannte ein lauter Streit vor dem Haus. Die Militärbasis war natürlich bewacht, und die Soldaten standen der Familie bei. So konnten die Unruhestifter wenig ausrichten. An anderen Orten hätte es längst zu einem Drama mit Toten ausarten können. Freilich standen nicht immer die gleichen Wachen am Eingang zum Gelände, und wenn die Ankömmlinge sagten, dass sie hier waren, um Verwandte zu besuchen, konnten sie den Posten passieren.

«Sie kommt nicht mit, sie ist dazu nicht bereit», rief die Mutter ihnen entgegen.

«Du hältst sie fest?»

«*Ihr* habt alles getan, um sie an euch zu reißen, nicht ich. Sie ist aus freiem Willen hier, und sie will nicht mit euch mitgehen.»

Die Mutter forderte sie auf zu gehen, doch sie insistierten und forderten Maria zurück. Die herbeigerufenen Wachen bewegten die Unruhestifter schließlich zum Gehen.

Marias Familie lebte unweit vom mit Soldaten bemannten Eingangsposten. Der riesige Stützpunkt war von einer Mauer umgeben und wurde gut bewacht. Außer viel freiem Gelände standen Kasernen für die Soldaten bereit, ein Exerzierplatz und Häuser für die Offiziere. Das andere Hospitalpersonal lebte woanders auf der Basis.

Nach etwa einem Monat fragte die Mutter: «Maria, bist du schwanger?» Es traf sie wie ein Blitz aus heiterem Himmel. Sie verneinte und erzählte, dass sie in der Klinik gewesen war und die Ärzte gesagt hatten, dass sie schwach und krank sei und deshalb keine Periode habe. Ihre Mutter hielt aber einen Schwangerschaftstest für angebracht. Nun fürchtete Maria, dass sie wieder in Erwartung war. Was sollte aus ihr werden, nun auch noch mit einem zweiten Kind?

Der Labortest bestätigte die Schwangerschaft, und zwei Monate nach ihrer Flucht war das Baby da.

Den Nachbarn war bekannt, dass sie mit Christen Tür an Tür wohnten, und es kam vor, dass die Frage laut wurde, warum Christen unter Moslems lebten. Aber das war keine große Sache, nicht weiter problematisch. Bis Maria zurückkam.

Zwar wurden Marias Mann und ihre Schwiegereltern jeweils von den Wachen hinausspediert, dabei verlangten sie aber, mit einem Verantwortlichen der Basis reden zu können. Und eines Tages wurde dem entsprochen. Sie erzählten ihm, dass Maria Moslemin sei, die nun aber bei einer christlichen Familie lebe, und dass sie mit einem Moslem verheiratet sei, der sie zurückwolle. Dadurch wurde massiver Druck auf Marias Eltern aufgebaut.

Auf der Arbeit fragte nun jeder die Mutter, warum sie die moslemische Frau bei sich behalte. Sie erzählte die wahre Geschichte; ein Anwalt wurde eingeschaltet, der sich aber gleich wieder davonmachte, als er merkte, dass er die junge Frau aus einer islamischen Familie herauslösen sollte.

Der religiöse Gegensatz erwies sich als ein unüberbrückbares Problem, da Maria auf dem Zertifikat als Moslemin galt. Eines Tages hätte die Polizei auftauchen können, um sie zum «rechtmäßigen Besitzer» zurückzubringen. Das hätte verheerende Folgen haben können, da die Familie des Mannes nicht lockerließ. Alle paar Wochen tauchten die Ankläger wieder auf.

«Gib mir meine Frau zurück! Gib mir mein Kind zurück! Du hältst beide gefangen und erlaubst ihnen nicht, zu ihrem Ehemann und Vater zurückzukehren. Aber eines Tages werde ich sie zurückholen!» Der Mann wusste aber noch gar nicht, dass Maria inzwischen ein zweites Kind von ihm bekommen hatte.

Mittlerweile kritisierten die Verwandten, selbst Brüder und Schwestern, dass Maria den Jungen mitgebracht hatte. Denn auch seinetwegen beschwerte sich ihr Ehemann so lautstark. Doch sie war eine Mutter, die ihr Baby nicht zurücklassen wollte. Es war ja erst einige Monate alt, sie war tief mit ihm verbunden. Wie es herausgekommen wäre, wenn sie es dort gelassen hätte, konnte man ja an dem Vorfall erkennen, als die Familie das Kind mit Brot gefüttert und dadurch in größte Gefahr gebracht hatte.

## Die Kinder verloren

Dann hörte die Mutter von einer Anwaltskanzlei, die das Recht für Minderheiten erstreitet und Armen kostenlos Rechtshilfe gewährt. Um Maria in Sicherheit zu bringen, fuhr sie ihre Tochter ins «Center for Legal Aid, Assistance & Settlement» (CLAAS). Der Leiter der Firma, der Menschenrechtler Joseph Francis, hörte ihr lange und aufmerksam zu. Die ganze Geschichte. Eine Geschichte, wie sie sich in Pakistan immer und überall wiederholt, auch weil das Gesetz auf der Seite der Täter ist.

Die Fürsprecher betreiben ein Frauenhaus, um Mädchen wie Maria aus der Schusslinie zu nehmen. Joseph versprach, dass sie ihren Fall vor Gericht bringen würden und dass Maria bei den anderen Frauen, die das gleiche Schicksal erlitten hatten, in Sicherheit leben könne.

Neun Monate nach der geglückten Flucht trat Maria in das Frauenhaus «Apna Ghar» ein, gemeinsam mit ihren beiden Kleinkindern.

Die Advokaten füllten die Scheidungspapiere aus und brachten den Fall vor das Tribunal. Wie vorauszusehen war, willigte Marias Mann nicht ein. Letztlich gelangt die Person, die eine Scheidung beantragt, in der Regel zu ihrem Recht. Wird der Richterspruch aber angefochten, dauert die missliche Lage umso länger.

Zuletzt konnte ihr Mann durchsetzen, dass er die Kinder monatlich für eine Stunde sehen durfte. Allerdings sind solche Besuche nur im Gerichtshaus möglich, um die jungen Frauen und ihre Kinder zu beschützen. Ihr Mann nahm die Kinder aber zu Verwandten mit. Als er zurück war, machten ihm Marias Anwalt und die Gerichtsdiener klar, dass dies untersagt war und die Treffen nur im amtlichen Gebäude möglich seien.

Beim nächsten Besuch waren die Kinder und er plötzlich nicht mehr zu finden. Vergeblich warteten Maria und ihr Anwalt, als die Besuchszeit verstrichen war. Er kam nicht wieder. Überall im Gebäude wurde nach ihnen gesucht, und die Polizei tat einiges, um sie ausfindig zu machen. Vergeblich. Die Kleinen blieben definitiv verschwunden. Zwar gab Maria den Beamten die Wohnadresse ihres Mannes. Aber das Haus war gemietet, er wohnte nicht mehr da, die Entführung war sehr gut geplant und vorbereitet gewesen. Eine Nachsende-Adresse existierte natürlich nicht.

Es ist durchaus normal, dass Menschen in Pakistan nach einem Wegzug nicht mehr zu finden sind. Auch wegen der explodierenden Bevölkerungszahl gibt es kein funktionierendes

Erfassungssystem. Jemand zieht in ein Haus ein und lebt darin, ohne dass die Ordnungshüter wissen, wer da nun gerade lebt.

Erschwerend kam hinzu, dass Marias Mann vor Gericht immer wieder betonte, dass die Kinder islamisch seien, Maria ihnen christliche Namen gegeben habe und sie nun christlich erzogen würden, es aber doch viel besser wäre, wenn sie moslemisch erzogen würden. Das Gericht folgte dieser Argumentation wohlwollend. Die Polizei und der Gerichtshof waren in Wahrheit – wie das pakistanische Gesetz und Jahr für Jahr Hunderte von Fällen in der Praxis belegen – einverstanden mit den Geschehnissen, die dazu führten, dass die Kleinen wieder im islamischen Umfeld leben. Da dürften die Anstrengungen bei der Suche nach ihnen also mit «angemessener Zurückhaltung» verbunden gewesen sein.

Marias Wut war vergebens. Ihr Ex-Mann hatte seine Religion erneut als Waffe gegen sie genutzt.

Der Verlust liegt nun mehrere Jahre zurück, doch er schmerzt Maria noch immer. Ohne irgendein Resultat wurde bisher nach den beiden Kindern geforscht.

## Maria wird zur Mutter für viele

Rührend kümmerte sich Joseph Francis' Frau um die Bewohnerinnen in Apna Ghar. «Sie lehrte mich, wie Jesus die Probleme bewältigt und dass wir immer, wenn wir vor Problemen oder Hürden stehen, beten und die Sorgen in seine Hände legen sollen. Er ist die einzige Quelle, die uns befreien kann.»

Mehrere Jahre lebte Maria in diesem Frauenhaus und war mit der Zeit trotz ihres jungen Alters eine «Seniorin», da manche Frauen nur für zwei Monate oder ein halbes Jahr bleiben, ehe sie in Sicherheit und an einem anderen Ort eine neue Existenz aufbauen können.

Mehr und mehr nahm sich Maria der anderen Mädchen an, managte die Küche und den Betrieb im Haus. Joseph Francis fragte, ob sie bereit sei, wieder zu heiraten. Er fand, dass sie nicht alleine leben könne und einen Mann brauche, der sie versorgt. Und es sollte jemand sein, der sie liebt und sich um sie kümmert.

Gleichzeitig bekundete Basharat, der Wachmann im Frauenhaus, sein Interesse an ihr. Er war nicht nur in sie verliebt, nein, er wollte ihr auch helfen, da es schwer ist, als ehemalige Moslemin – auch wenn sie das gar nie war – einen christlichen Mann zu finden. Und auch deshalb, weil sie bereits einmal verheiratet war. Ihre Ausgangslage war in Pakistan ungleich anders, als sie es in der westlichen Gesellschaft gewesen wäre.

Maria ließ sich auf Basharat ein.

Zusehends verschlechterte sich die Gesundheit von Josephs Frau, die zuckerkrank war. Und der Brustkrebs forderte zusätzlich seinen Tribut. Sie musste eine umfassende Operation über sich ergehen lassen, erholte sich aber nicht mehr und verstarb im Oktober 2009.

Bisher hatte sie das Frauenhaus geleitet, nun kümmerte sich Maria um die Mädchen, während nach einer Hausmutter gesucht wurde, welche die Geschicke weiterführt. Maria konnte gut mit den Leidenden umgehen, sie beraten, ihnen Empathie und Wärme geben und so den Schmerz des Erlebten lindern.

Im April 2010 wurde sie zur Matrone berufen; eine Arbeit, die sie mag und gerne ausfüllt. «Ich lernte viel von Josephs Frau: Wie man stark sein kann in seinem Leben und wie man die Last Jesus überlassen kann. Und ich erfuhr, wie er Befreiung schafft. Ich habe hier meinen Auftrag, und ich gebe das Wissen gerne weiter, da ich in den gleichen Umständen drin gefangen war.»

Und so erklärt sie den jungen Frauen, wie sie selbst ihre eigene schlimme Situation verarbeiten konnte. Immer wenn ein Mädchen fliehen kann und in Apna Ghar einzieht, behandelt Maria sie wie eine Tochter. Nicht nur, weil sie selbst zwei Kinder zur Welt gebracht hat, sondern auch, weil die Frauen jemanden brauchen, der sie liebt und schätzt und würdigt; jemanden, der sich um sie kümmert und ihre Lage verbessert.

Spirituell gesehen hat Maria viele Kinder. «Ich bin nicht hochgebildet, aber ich habe von meiner Vorgängerin Wissen und Erfahrung gewonnen.» Sie ist ein Symbol der Stärke für die Problembeladenen geworden.

In der kurzen Zeit, in der ihr älterer Sohn in Apna Ghar war, hatte er schnell viel gelernt, auch über den christlichen Glauben. In welcher Verfassung ihre Kinder heute sind, weiß sie nicht.

«Ich glaube aber, dass Gott uns eines Tages wieder vereint und sie zu mir zurückbringt.»

Maria bittet um Gebet, dass Gott die Kinder zurück zu ihrer Mutter bringt, denn ihr Umfeld beim Vater ist ganz gewiss nicht gut. Maria möchte, dass friedliche Menschen aus ihnen werden und sie eine gute Ausbildung erhalten.

Und sie wünscht sich, dass die Gewalt und die Folter, die pakistanische Frauen erleiden müssen, gestoppt werden können.

# Es wird Nacht in Lahore

Längst ist die Dunkelheit über das tagsüber von unbarmherziger Hitze erdrückte Lahore hereingebrochen. Trotzdem herrscht vor dem zweistöckigen Bürogebäude im orangen Schein der Straßenlampen und den Lichtern der 7,5-Millionenstadt reges Treiben. Die Uhrzeit spielt keine Rolle – nicht heute. Noch einmal wird Joseph Francis von seinen Gefährten umarmt, auch von Anthony, dem ansonsten gutgelaunten Reporter, über dessen leichten weißen Baumwollhosen ein ebenfalls weißes landestypisches Gewand hängt. Seine Füße stecken in dunklen Sandalen.

«Hier herrschen keine Regeln, keine Regierung», ereifert sich Anthony mit finsterer Miene und unterstreicht seinen Ärger gestenreich. «There's no rule in this country!» Währenddessen verriegelt Asif gemeinsam mit dem Hausmeister die schwere Metalltür. Die einfachen, teils verputzten Backsteinbauten, darunter das unauffällige Anwesen der Anwaltskanzlei, haben die Hitze gespeichert und strahlen nun spätabends milde Wärme ab. Die Einfahrt ist staubig, ebenso die holprige Seitenstraße, die nicht asphaltiert ist.

Bald wird Joseph untertauchen, um einer Verhaftung zu entgehen, seine Mitarbeiter werden zwischenzeitlich eine Kaution hinterlegen. Der braungebrannte, mit grauen Haaren versehene Menschenrechtler ist seit Jahrzehnten ein nimmermüder Fürsprecher für die Minderheiten Pakistans. Gerade dadurch lädt er mannigfaltigen Zorn auf sich, der sich in falschen Anklagen entladen kann und auch schon in körperliche Attacken und Mordanschläge mündete.

2009 steckte ihn die Regierung für sechs Monate ins Gefängnis, und nun baut sich erneut eine ebenso durchsichtige wie zeitraubende Anklage auf; eine, die in der Schweiz oder in Deutschland wohl bereits von jedem Amtsgericht vom Tisch gefegt werden würde. Diese jedoch, mit einem Joseph Francis als Angeklagtem, hat die zwei untersten Justizstufen durchlaufen und wird mittlerweile vor dem zweithöchsten Gerichtshof verhandelt. Zuletzt wird sie bis vor die höchsten Richter in Islamabad führen (wo der logische Freispruch erfolgen wird).

Dieser Prozess, der sich in den vergangenen Wochen unerbittlich aufgetürmt hat, rückt heute wegen eines unmenschlichen Schreckens in den Hintergrund.

Dieser nahm wenige Stunden vorher seinen Lauf. Wie gewohnt wurde alle paar Minuten die Glastüre aufgerissen, die ins Büro von Josephs Assistentin Katherine Sapna führt. Immer wieder platzt hier, wo drei bis vier Personen arbeiten, jemand herein. Etwa eine Rechercheurin, mit neuen Details zu einem Fall; ein Anwalt, der bereits von einem morgendlichen Gerichtstermin zurück ist und über den neusten Stand informiert; ein mit Buntfaltenhosen bekleideter «Staff Supporter», der fragt, ob man Kaffee, «Black Tea» oder einen andern Tee will, und der Männer prinzipiell mit einem «Sir» anspricht; oder jemand vom Empfang, der einen neuen Besucher ankündigt.

Oder plötzlich steht Joseph im Büro, das Telefon am Ohr, wirft sich ein Löffelchen braunen Teezuckers in den Mund und zerkleinert die Körner kauend. Kartonierte Hängeregistermappen, die mit dicken Filzstiften beschriftet sind, werden ergänzt: Dokumente zum Tathergang kommen hinzu, Aussageprotokolle, Papiere über die Geschehnisse vor Polizei und Gericht sowie Fotos, die mit Büroklammern auf der Innenseite des Deckels angeheftet sind.

An drei Wänden hängen Foto-Collagen, die Fälle aus der Anfangszeit der Kanzlei in Erinnerung rufen. Etwa wie jemand aus dem Team einen Beschuldigten vor Gericht abholt. Das war ein fingierter Blasphemie-Fall, der nichtsdestotrotz einen fanatischen Mob vor dem Gebäude aufmarschieren ließ. Auf einem Foto ist zu sehen, wie eine außer Rand und Band geratene Menge sich dem weißen Auto entgegenstellt, die Karosserie verbeult und den fälschlich Beschuldigten einschüchtert.

Nicht selten lassen sich für solche Fälle keine Anwälte finden, denn die Geschichte hat gezeigt, dass rechtliche Fürsprecher genauso ins Fadenkreuz der fanatischen Masse auf der Straße kommen können.

Alle paar Stunden gehen die Lichter aus, weil der Strom sich für längere Zeit ins Sankt-Nimmerleins-Land verabschiedet. Hier im Büro freilich fällt er nicht lange aus. Der umtriebige Hausmeister startet dann einen uralten, mannshohen Lastwagenmotor, der wohl gleichzeitig mit dem Ford T auf den Markt gekommen sein muss. Der Lkw-Motor ist ausgebaut und an einem gelben Rahmen montiert worden und dient nun als Generator, der die Grundfesten des zweieinhalbstöckigen Gebäudes sanft beben lässt.

In Städten wie Lahore oder Faisalabad steht CLAAS – «Center for Legal Aid Assistance & Settlement» – den Beschuldigten bei. Landesweit ist das Blasphemie-Gesetz freilich eine stets geladene Waffe, die aus dem Nichts heraus insbesondere gegen religiöse Minderheiten hemmungslos abgefeuert wird, was NGOs[1] verschiedentlich kritisierten.

[1] NGO = Non-Governmental Organization (Nichtregierungsorganisation)

Davon zeugen die schon etwas vergilbten Aufnahmen an den Wänden der Organisation, die Francis vor mehr als fünfzehn Jahren mit Freunden gegründet hatte.

Mit einem leisen «Klack» wird die Tür auch an diesem Freitag im Dreiminutentakt aufgerissen. Als Asif um die Mittagszeit hereinkommt, verdunkeln sich die Mienen zusehends, während in der schnellen, klangvollen Urdu-Sprache konferiert wird. Kurz wird beraten, ob ein «Fact Finding Team» ausrücken soll. Klar ist, dass vor wenigen Minuten ein brutaler Angriff auf mehr als ein Gebäude stattgefunden hat und dass Schüsse gefallen sind. Auch von Explosionen ist die Rede.

Es ist noch kein Jahr her, seit in zwei pakistanischen Dörfern, Gojra und Korian, ein unbändiger Mob mehrere Häuser von Christen niederbrannte. Etliche Menschen, die zu dieser mikroskopisch kleinen 1,5-Prozent-Minderheit gehören, wurden rücksichtslos von der Meute eingeschlossen, sie verbrannten bei lebendigem Leib.

Diesmal erfolgt der womöglich zu diesem Zeitpunkt noch laufende Anschlag hier in Lahore. Betroffenheit und Trauer ist in den Gesichtern der Anwesenden zu lesen, die schon so viel Leid gesehen haben und täglich gegen dieses ankämpfen.

Langsam verdichten sich die Meldungen zu einem fatalen Bild: Mit Granaten und Salven aus Maschinengewehren rissen Terroristen rund 95 Menschen in den Tod, etwa hundert wurden verletzt. Ziel der Attentäter waren zwei Moscheen der Ahmadiyya-Minderheit.

Zum Anschlag bekennen sich die Taliban, die den Ahmadis den islamischen Glauben absprechen und drohen, den Terror weiterzuführen, bis die Anhänger dieser Strömung allesamt das Land verlassen haben. Dieser unmenschliche Akt hinterhältiger Gewalt wird in einem Bekennerschreiben als letzte

Maria
(siehe ihre Geschichte ab Seite 61)

Teena
(siehe ihre Geschichte ab Seite 15)

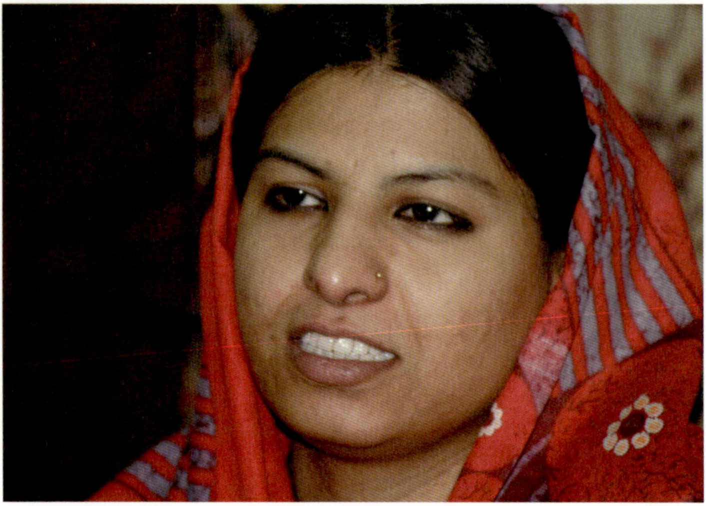

Maria – mit 15 gekidnappt und zur Hochzeit gezwungen

Teena – als Teenager entführt, bedroht, zwangsverheiratet und eingesperrt

Joseph Francis von CLAAS bei einem Besuch in der Schweiz

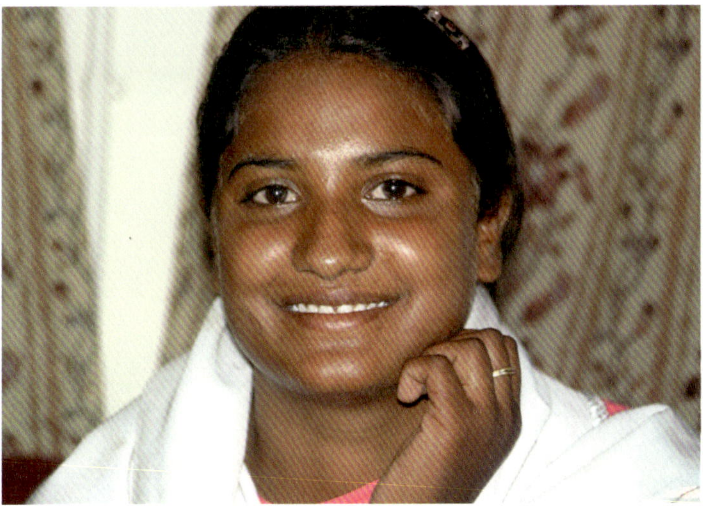

Rebecca Boota
(siehe ihre Geschichte auf Seite 149)

Zwei typische pakistanische Trucks:
enorme Farbenvielfalt – und ziemlich reparaturbedürftig

Sturm über Lahore

Der Autor Daniel Gerber mit Mitarbeitern des CLAAS-Teams

Die Pakistanis sind Meister der Improvisation: Hier eine ganze Familie auf dem Eselskarren

Viel fürs Auge: Ein bunt bemalter pakistanischer Bus

Typische Straßenszene in Lahore – und viel Gold in Sicht!

Younis Rahi, Vorsitzender der Anwaltskanzlei CLAAS

Wer sich ins Verkehrsgetümmel wagt, setzt alles ein – auch die Füße!

Katherine Sapna, die rechte Hand von Joseph Francis,
mit Rebecca Boota

Keine Seltenheit auf Lahores Straßen: Vier Leute auf einem Motorrad

Warnung dargestellt, ansonsten würden alle Gläubigen dieser Strömung sterben.

Der Nährboden, auf dem solche Auswüchse gedeihen, ist schon vor längerer Zeit entstanden. In den 1970er-Jahren wurden die Ahmadis auf Forderung der sunnitischen Mehrheit Pakistans durch die Regierung von Zulfikar Ali Bhutto zu «Nicht-Moslems» erklärt. Seither ist der Druck gestiegen, viele flüchteten in den letzten Jahrzehnten ins Ausland. So entstand unter anderem im deutschsprachigen Europa eine wachsende Gemeinde von Exil-Ahmadis.

Immer wieder wird diese Minderheit grausam attackiert, so auch an diesem Freitag. Skrupellos hatten die Überfallkommandos das Freitagsgebet abgewartet, um ihr Blutbad anzurichten. Zuerst warfen die Angreifer Handgranaten in die Moscheen und eröffneten anschließend das Feuer. Augenzeugen sprachen von Attentätern, die Sprengstoffgürtel trugen und sich in die Luft jagten. In den beiden Moscheen wurden etwa zweitausend Menschen als Geiseln festgehalten, ehe sie von der Polizei befreit werden konnten.

Abends nun zeugt auf der staubigen Straße nichts vom Schrecken, der wenige Stunden zuvor über die Stadt hereingebrochen war. Keine bleierne Betroffenheit. Auf den schmalen Rasenfetzen zwischen und neben den Fahrbahnen werfen sich Männer in meist weißer, khakifarbener oder dunkler Kleidung Kricketbälle zu, andere schlafen auf dem Grün, ungerührt ob der hupenden und qualmenden Blechschlangen neben ihnen. Einmal mehr ist der Horror zurückgekehrt in die zweitgrößte Stadt Pakistans. Schon wieder zeigt sich, wie fragil, wie verletzlich die Öffentlichkeit ist. Sichtbar ist der Schrecken nicht. CLAAS-Mitarbeiter Nadeem, der mehrere

Interviews mit Teena und Maria für dieses Buch übersetzte, verlor durch dieses entsetzliche Attentat drei Freunde.

Über dem Leben der nordostpakistanischen Provinzhauptstadt Lahore liegt ein Schatten. Einst war die City, die genauso viele Einwohner hat wie die ganze Schweiz, die prunkvolle Hauptstadt des 300 Jahre währenden Mogulreiches und stand damals für unermesslichen Reichtum und grenzenlose Macht. Heute wird Lahore auch «die Perle des Punjab» genannt.

Außerdem ist die übervölkerte Stadt die Hochburg des pakistanischen Films und wird anlehnend an Hollywood und das indische Bollywood auch als «Lollywood» bezeichnet; wobei das Schaffen der dortigen Filmindustrie außerhalb des Landes kaum wahrgenommen wird.

Aber da ist auch noch dieses andere Lahore. Es steht für Zerrissenheit, für Anschläge, die die Stadt jederzeit ins Chaos stürzen können.

Die Minderheiten halten im Vielvölkerstaat Pakistan enormen Druck aus und leiden unter einem Staat, der diskriminierende Gesetze erlässt und diese bisweilen zu Ungunsten der ohnehin Benachteiligten willfährig beugt. Teena und Maria sind keine Einzelfälle; im Gegenteil. Solche haarsträubenden Vorkommnisse werden immer wieder dokumentiert.

Doch die Mächtigen, die im Nu wie von der Tarantel gestochen aufspringen, wenn der Islam in irgendeiner westlichen Ecke der Welt auch nur im Ansatz beleidigt werden könnte, lassen zu, dass unzählige Töchter des Landes wortwörtlich bis aufs Blut diskriminiert, entwürdigt und geschändet werden. Und dann schauen ebendiese «Volksvertreter» nicht etwa weg, sondern geben sogar noch ihren Segen dazu.

Einer dieser Horror-Fälle ist bis heute nicht abgeschlossen, obwohl der Schrecken schon vor mehr als zwei Jahren seinen Lauf genommen hat. Als die Schwestern Saba (damals 12 Jahre alt) und Aneela (10) am 26. Juni 2008 auf dem Weg zu einem Besuch bei ihrem Onkel entführt wurden, wollte ihr Vater, Younis Masih, bei der Polizei vom spurlosen Verschwinden der Mädchen berichten und Anzeige erstatten.[2]

Doch die Beamten verweigerten ihm das und hielten ihn im Gegenteil dazu an, Stillschweigen zu bewahren. Die Entführer allerdings, vier für ihre Machenschaften bekannte Männer, meldeten sich ebenfalls bei der Polizei. Und zwar um das Sorgerecht für die beiden Mädchen mit der Begründung zu beantragen, die beiden seien zum Islam übergetreten und ihr Vater habe somit, als Christ, keine gesetzliche Autorität mehr über seine Töchter. Denn nach pakistanischem Gesetz dürfen muslimische Kinder nicht von Christen erzogen werden.

Mehrere Wochen kämpfte Younis mit der Hilfe von Rechtsanwälten und dem Minister für Minderheiten und Menschenrechte darum, einfach nur Anzeige erstatten zu dürfen. Einen Monat nach ihrer Verschleppung sprach ein Richter in einer kurzen Verhandlung den Entführern das Sorgerecht für die beiden Mädchen zu. Für knappe zehn Minuten erschienen die Mädchen, umgeben von fünfzehn moslemischen Männern, vor Gericht und bestätigten ihren Übertritt zum Islam. Die Eltern durften weder mit ihren Kindern reden noch dem Gericht Ausweise vorlegen, die das Alter der Mädchen belegt hätten.

---

[2] Pressemitteilung von «Open Doors», Roggwil (CH), 29. Juli 2008

Younis und seine Frau sind überzeugt, dass ihre Töchter vor Gericht nicht frei reden konnten und zur Aussage, sie seien jetzt Moslems, gezwungen worden waren. Mit der Unterstützung ihrer Anwälte legten sie Berufung gegen das Gerichtsurteil ein, damit das Verfahren, das von den Behörden von Anfang an verzögert worden war und sich nur schleppend entwickelte, nicht einfach eingestellt wurde.

Im September erreichten die christlichen Anwälte die Freilassung und Heimkehr der jüngeren Tochter Aneela. Einen weiteren großen Erfolg erreichte die Familie am 21. Februar 2009, als ein Richter nach monatelangem juristischem Stillstand Anklage gegen Sabas Entführer erhob. Das Mädchen war inzwischen aber zwangsverheiratet worden. Sie hatte vor Gericht ausgesagt, dass sie 17 Jahre alt sei und dass ihr Übertritt zum Islam echt sei.[3]

Aneela sagte bei ihrer Heimkehr, dass Saba nur wegen der Todesdrohungen bei ihrem Entführer geblieben sei. Die Leiden der jungen Saba, die Ungewissheit oder gar Aussichtslosigkeit ihrer Lage, die Trennung von den Eltern, die fremde und ihr feindlich gesinnte Familie, die Vergewaltigungen, da eine Zwangsehe «vollzogen» werden muss, um gültig zu sein, und damit ihr Alltag als moslemische Ehefrau sind für uns wohl kaum vorstellbar.

Nicht immer kommen die leidgeprüften Frauen aber mit dem Leben davon. Sana Bibi (18) lebte in der Nähe des internationalen Flughafens von Lahore. Sie war die älteste von sieben Geschwistern, der Vater Arbeiter, die Mutter Dienstbotin – eine durchschnittliche Familie. Nach dem Schulabschluss

[3] Pressemitteilung von «Open Doors», Roggwil (CH), 29. Oktober 2008

wurde Sana in eine Schwesternschule der Niazi-Klinik aufgenommen. Während dieser Lehre konnte sie im gleichen Krankenhaus arbeiten und so auch ihre Familie unterstützen.

Am 25. Mai 2008 ging sie ganz normal ihrer Arbeit nach, von acht Uhr morgens bis zwei Uhr nachmittags hatte sie Dienst. Doch danach kam sie nicht nach Hause, und so gingen ihre Eltern vier Stunden später in die Klinik und erkundigten sich bei Doktor Zaheer und dem Arzt Ahmad nach ihrer Tochter. Beide gaben vor, nichts über deren Verbleib zu wissen.

Sanas Vater Ashiq reagierte darauf mit einem Telefonanruf bei Parvaiz Rafique, einem Mitglied einer Minderheitenallianz. Parvaiz erkundigte sich nun ebenfalls bei den Ärzten, die nun sagten, dass das Mädchen in zwei Tagen zurück sein werde. Bereits am nächsten Tag meldete sich Zaheer bei Sanas Vater und händigte ihm zwei Schriftstücke aus. Eines der beiden dokumentierte, dass das Mädchen zum Islam übergetreten war, das andere, dass es nun verheiratet war.

Im Juli, zwei Monate später, gelang es Sana, Kontakt zu ihrer Familie aufzunehmen, und sie schilderte, was mit ihr geschehen war: Ein gewisser Irslan Butt habe sie mit anderen Doktoren gezwungen, den Islam anzunehmen und Butt anschließend zu heiraten – was in solchen Fällen manchmal allein durch das Unterzeichnen eines Dokuments geschieht. Außerdem erklärte sie, dass sie zurück zu ihren Eltern wolle.

Zwei Tage später, am 7. Juli 2008, erhielt Ashiq einen Anruf aus der Polizeistation Shad Bagh; seine Tochter habe sich das Leben genommen. Am 8. Juli erstattete ihr Vater eine Anzeige gegen Irslan Butt und die beiden anderen Ärzte, während die Polizei den Leichnam in der Meo-Klinik obduzieren ließ. Die Reporte widerlegten die Suizid-Darstellung, bloß nahmen die Behörden wenig Notiz von der Autopsie. Laut

Recherchen von CLAAS stellten sich die Beamten auf die Seite der Täter und lehnten es ab, gegen die Schuldigen zu ermitteln.

## Salomos Erbe – ein pakistanischer Mose

Der weise König Salomo hinterließ in seinem Vermächtnis, in den Sprüchen, den Aufruf, dass die Mächtigen das Recht nicht beugen und die Armen und Wehrlosen nicht ausbeuten sollen. Genau das aber geschieht in Pakistan. Mutige Anwälte und Menschenrechtler, darunter auch jene von CLAAS, erheben ihre Stimmen für jene, die keine haben. Sie werden manchmal selbst bedroht, angegriffen und ins Gefängnis gesteckt.

Sie sind die Erben Salomos und damit auch eine Art moderner Mose. Sie treten genau wie er damals für ihr Volk bzw. ihre Minderheit ein, um sie in Sicherheit zu führen; nicht in ein anderes Land, sondern zur Freiheit in der eigenen Nation. Ihr Ziel ist es, eine friedfertige Gesellschaft aufzubauen. Derzeit ist dies ein Kampf gegen Windmühlen in einem eigentlich überwältigend schönen Land.

Beispielhaft ist der Fall der jungen Sidra, sie ist noch ein Teenager. Gezeichnet, aber noch relativ ruhig erzählt ihr Vater die traurige Geschichte vom Schicksal seiner Tochter. Er sitzt nach vorne gebeugt auf der weichen, dunkelroten Polstergruppe, wo schon viele Leidgeprüfte ihre haarsträubenden Erlebnisse schilderten. Die Vorhänge sind zu, ein Ventilator brummt, die Klimaanlage schnurrt, an den Wänden hängen Urkunden von Menschenrechts-Preisen aus aller Herren Länder, so etwa jener von 2009, von der Internationalen Gesellschaft für Menschenrechte, der IGFM Deutschland. Auf dem Pult stapeln sich Akten. Vögel zwitschern – sie haben sich auf der Maueraußenseite ein Nest auf dem Ventilatorengehäuse errichtet, deshalb sind ihr Gezeter und ihre Debatten auch drinnen gut zu hören.

Sidras Vater leitet in einer christlichen Gemeinde den sogenannten «Worship», also die Anbetungszeit. «Ich lehre auch meine Kinder und die anderen, dass man Gott näherkommen soll. Ich bin unter den Muslimen als Schneider bekannt und unter den Christen zusätzlich auch als Worship-Leader.» Seine Söhne sind Schneider, die Frauen studieren und machen den Haushalt. Auch die 14-jährige Sidra sang vorne mit dem Mikrofon. «Ihre Stimme war sehr schön, und sie leitete das Gebet wunderbar, sie war sehr aktiv in der Kirche.»

In einem Nachbarhaus lebte ein junger Muslim, Sishan. Die Nachbarinnen kamen immer wieder und fragten Sidra, ob sie mit zum Markt komme. Sie lehnte aber immer ab. Ihre Mutter jedoch sagte, dass es schon in Ordnung wäre, und so ging sie mehrfach mit.

«Einmal bekam sie auf dem Markt ein Kleid geschenkt, dieses war irgendwie verhext: Wenn sie es trug, wurde ihr übel, sie wurde bleich und ihre Augen röteten sich. Später fanden wir heraus, dass die Nachbarn dahintersteckten», erzählt der Vater weiter.

Eines frühen Morgens habe sie zu ihrer Mutter gesagt, dass sie nur in den Waschraum gehe. Sie ging aber aus irgendeinem Grund nach draußen. Auch der junge Nachbar war dort, er schnappte sie sich und brachte sie weg.

Der Vater sagt, es gebe Muslime, die versuchen würden, mit Magie jemanden zu irritieren oder einen Vorteil zu erlangen. «Bevor Sidra gekidnappt wurde, war manchmal, wenn wir am Morgen erwachten, Blut in unserem Haus. Manchmal auch Fleisch, Getreidekörner und anderes. Dann fühlte ich mich geängstigt, und mein Körper wurde durchgerüttelt. Aber ich glaube an Jesus, und so fühle ich keine Beeinträchtigung meiner Gesundheit. Wenn wir schliefen und die Tür verschlossen war, geschah es draußen; manchmal war auch eine bestimmte Anzahl Steine in einer besonderen Form angeordnet. Ich sagte dann immer: ‹Halleluja, ich glaube an Jesus, niemand kann uns auf diese Weise ein Übel tun.›» Andere Nachbarn sagten, dass es die Frauen aus dem Haus dieses Kerls waren.

Kaum war Sidra an jenem Morgen nach draußen gegangen, bemerkte ihr Vater dies, und er folgte ihr, um nach ihr zu sehen. Ein kleines Kind aus der Nachbarschaft sagte, Sishan habe sie zur Bushaltestelle mitgenommen, er sei gerannt und habe Sidra an der Hand mitgezerrt. Sidra habe sich vergeblich gesträubt. Der Vater rannte hinterher. Fast hätte er sie eingeholt, doch er sah gerade noch, wie seine Tochter von Sishan in eine Rikscha gezwängt wurde, mit der er entkam.

Gleich am nächsten Tag rief Sishan an und machte Druck: «Wenn ihr zur Polizei geht, wird das für eure Familie schmerzvoll. Dann bringen wir eure anderen Kinder um! Sidra wird nicht mehr nach Hause kommen.»

Der Vater freilich verlangte die Freilassung, und er wandte sich auch an die Polizei. Doch die nahm davon keine Notiz, Sishan hatte sich offenbar schon mit ihr in Verbindung gesetzt. Als die Ordnungshüter bei ihm zu Hause aufkreuzten, war er angeblich an einem unbekannten Ort. Er war vorher über den «Besuch» informiert worden.

Nach einer Woche erschien Sishan mit Sidra vor Gericht. Unter Druck sagte sie, dass sie den Islam angenommen habe und heiraten wolle. Als der Richter nach ihrem Alter fragte, sagte sie, dass sie 14 Jahre alt sei. Von Gesetzes wegen dürfen so junge Frauen weder heiraten noch den Glauben wechseln. Und so sagte der Richter, dass er die Ehe nicht registrieren könne. Ein kleines Bakschisch zur Aufbesserung des Haushaltsbudgets des Gerichtsschreibers sorgte dann aber dafür, dass beim nächsten Anlauf das Alter stimmte. Der Ausweis sagte zwar etwas anderes aus, aber das Alter wurde von 14 auf 18 «korrigiert». Gegen ein weiteres kleines Bestechungsgeld druckte dann auch der Imam das Zertifikat, laut dem Sidra den Islam angenommen hatte; auch die Nikah-Papiere wurden ausgestellt. Eine Heiratszeremonie gab es keine.

Sidra wurde nun an wechselnden Orten untergebracht. Und immer wenn es dem Vater irgendwie gelang, herauszufinden, wo sie nun war, und die Polizei auf sie ansetzte, war sie wieder verschwunden. Die «Freunde und Helfer» ließen ihre Warnung vorauseilen, und so konnte Sishan immer entkommen.

Von Zeit zu Zeit gelang es Sidra, daheim anzurufen. Sie sagte jedes Mal, dass sie fliehen würde, wenn es denn irgendwie gelingen könnte, und dass sie depressiv sei. Vergeblich fragte ihr Vater nach dem Ort, wo sie festgehalten wurde. Sie wusste es selbst nicht, sie war jeweils in einem Raum eingeschlossen. Ihr Vater gab ihr auch die Kontaktnummer eines Anwalts von CLAAS, der sie dann in Sicherheit bringen könnte.

Durch einen Anwalt ließ der Vater dem Gericht die Geburtsurkunde und eine Bestätigung der Schule – sie besuchte in Wirklichkeit die 6. Klasse – zukommen, und er forderte, dass man sie zu ihrer Familie zurückkehren lassen müsse. Das Gericht machte nun geltend, dass die islamische Familie den Ausweis habe und der Vater falsche Dokumente habe. Die islamische Familie sei die richtige, Sidra gehöre ja nun zu ihrem muslimischen Mann. Sie könne nicht mehr in einer christlichen Familie leben.

Trotz des ganzen Kampfes vor Gericht zeigte sich, wie korrupt das System ist. Die islamische Familie machte nun ebenfalls Druck und drohte: Der Vater und die Söhne würden sterben, wenn Sidra wegkäme.

Nach drei Monaten gelang Sidra die Flucht. Sie rief ihren Vater vorher an und sagte, sie wisse nicht, wo sie gerade sei. Als sie aber ihr Gefängnis verlassen hatte, stellte sie fest, dass sie überraschenderweise nahe bei ihrem Zuhause war. Und so rief sie den Vater erneut an, er solle nach draußen kommen. Er umarmte sie und brachte sie ins Büro von CLAAS. Der Fall kam nun mit solider Rechtshilfe vor Gericht.

Als sie dann aber mit einer älteren Schwester und einem Bruder zum Markt ging, überfiel Sishan mit etwa fünfzehn Jungen die drei. Die Geschwister kassierten Prügel, und Sidra wurde erneut verschleppt. Sofort wurde die Familie wieder bei der Polizei vorstellig, die aber zeigte eine Motivation, die, gelinde gesagt, erheblichen Spielraum zur Verbesserung bot. Die Ermittler sagten, Sidra sei Muslimin, und wenn sie nun zurück bei ihrer «Familie» sei, sei das kein Problem. Sie solle mit der islamischen Familie leben, nicht mit der christlichen.

Sishan hatte vor Gericht mit dem Papier gewedelt, das Sidra als Muslimin bezeichnete, und nachgewiesen, dass sie seine Frau sei und er das Recht habe, sie bei sich zu behalten. Natürlich entgegnete der Vater, dass sie nicht bei ihm sein könne, da sie sich ja scheiden lassen wolle. Die Polizei aber tat das ab: Sie sei nun mal Muslimin, und es sei gut, wenn sie bei ihrem Mann lebe.

Erschwerend dazugekommen ist, dass Sishans Familie reich ist und die Polizei von ihr «zuvorkommend» behandelt wird. Auch Sidras Vater versuchte mit Geld etwas zu erwirken: «Ich habe den Fernseher und Schmuck verkauft und es der Polizei gegeben, aber sie tat nichts. Weil meine Tochter zu einer christlichen Familie kommen würde, steht die Polizei zur angeschuldigten Seite und verhindert, dass sie wieder zu ihrer richtigen Familie zurückkann. Wenn sie flüchten kann, bereite ich einen sicheren Platz für sie vor.»

Sie wird dann wohl in einem Frauenhaus leben müssen. Sie weiß, dass sie nicht mehr dort wohnen kann, wo sie von Herzen gern sein möchte, nämlich in ihrem richtigen Zuhause. Und zwar wegen des Drucks der islamischen Familie.

Sidras Vater gibt mir und allen Lesern den Rat, stark zu bleiben: «Seid stark im Glauben an Jesus. Nach den Hürden kommt eine Ruhe, eine Sanftheit für die Menschen. Jesus will nicht, dass die Leute total verkrampft und angespannt sind, sondern er will sie aus ihren Problemen und Schwierigkeiten retten.»

## Religionsapartheid – wenn ein Gesetz eine Schneise der Verwüstung hinterlässt

Erbarmungslos ist das Damoklesschwert «Blasphemie» in den letzten Jahren nur allzu oft auf religiöse Minderheiten im Land niedergegangen und hat einen horrenden Blutzoll gefordert. So ermordete am 21. Juni 2010 ein moslemischer Mob eine Mutter und ihre vier Kinder. Der Vater, der Polizeioffizier Jamshed Masih, war vor kurzem in die Stadt Jhelam versetzt worden, die rund 300 000 Einwohner zählt. Diese war von Alexander dem Großen gegründet worden und hieß damals noch «Alexandreia Bukephalos», wie sein Pferd Bukephalos, das in der Schlacht am Hydaspes sein Leben verloren hatte.

Jamsheds Familie lebte im Stadtteil Mustafa Colony zur Miete. Es dauerte nicht lange, bis der religiöse Führer Maulana Mahfuz Khan ihn harsch aufforderte, den Ort zu verlassen: «In dieser Kolonie hat noch niemals ein Nicht-Moslem wohnen dürfen; wir wollen in unserem Ort keinen Abschaum», geiferte Khan. Nachbarn hätten einen schlechten Einfluss auf ihre Kinder befürchtet, meldete das Hilfswerk für verfolgte Christen, «Open Doors».

Razia Masih hatte ihren elfjährigen Sohn in einen Laden geschickt, um ein Waschmittel zu kaufen; ihr Mann war bereits zur Arbeit gegangen. Nachbarn hörten, wie der Ladenbesitzer den Jungen fragte, ob er Christ sei. Als der Junge bejahte, wies ihn der Ladeninhaber mit den Worten zurück: «Ich verkaufe nicht an Nicht-Muslime. Wag es ja nicht, noch einmal meinen Laden zu betreten.»

Wenig später marschierte ein von Khan angeführter Mob auf, der behauptete, der Junge habe gegen den «Propheten Mohammed gelästert» und müsse deshalb getötet werden. Razia Masih wies die Anschuldigung zurück, stieß dabei freilich auf wenig Gehör. Khan geriet in Rage: «Beschuldigst du uns der Lüge? Wie kannst du es wagen, uns zu beleidigen?»

Aus der Menge heraus wurde sie auf den Kopf geschlagen, sie blutete stark. Sie flehte um Erbarmen, doch es war zu spät. Während eine ihrer Töchter noch telefonisch versuchte, Hilfe herbeizuholen, brachte die Meute Razia Masih und die vier Kinder um. Als ihr Mann Jamshed Masih mit seinen Kollegen von der Polizei am Tatort eintraf, fanden sie nur noch die Toten vor.

Masih, der seine ganze Familie verloren hatte, versuchte, eine Anzeige wegen Mordes gegen Khan einzureichen. Der Revierleiter, Ramzan Mumtaz, weigerte sich jedoch, diese Anzeige aufzunehmen und einen für das Verfahren erforderlichen polizeilichen Erstbericht anzufertigen. Er sagte, er sei selber nur ein armer Mann mit Familie und werde von höherer Stelle unter Druck gesetzt. «Es tut mir sehr leid, mir sind die Hände gebunden!»

Jamshed Masih hat nun beim Ministerpräsidenten der Provinz Punjab Beschwerde eingelegt und bittet ihn um Gerechtigkeit.

Das Gerücht, jemand habe Blasphemie (Gotteslästerung) begangen, reicht aus, um eine tobende Meute zusammenzutreiben, die, einmal aufgescheucht, die Beschuldigten überrollt. Oder es finden sich finstere Gesellen zusammen, die glauben, Allah mit Waffen verteidigen zu müssen. So geschehen am 19. Juli 2010 in Faisalabad, als die beiden Pastoren und Brüder Rashid Emmanuel (32) und Sajjad Emmanuel (24) erschossen wurden. Sie waren beschuldigt worden, Blasphemie begangen zu haben, berichtet die Anwaltsfirma CLAAS. Vor einer Anhörung wurden die beiden vor dem Gerichtsgebäude von vier Bewaffneten niedergeschossen. Aus Polizeikreisen soll durchgesickert sein, dass man gegen die beiden eigentlich nichts in der Hand gehabt habe.

In den Tagen zuvor hatte sich ein Mob zusammengerottet, lautstark die Todesstrafe gefordert, Reifen verbrannt und Steine gegen die katholische Kirche geworfen. Zudem wurde versucht, das Gotteshaus in Brand zu setzen. Den Christen waren die Bilder aus Korian und Gojra noch gegenwärtig, wo acht Christen in Häuser eingesperrt und bei lebendigem Leib verbrannt wurden. Überlaut wurde nach der Polizei geschrien, die aber erst nach zehn Minuten erschien. Die Aufgestachelten verkündeten die Mär einer friedlichen Prozession, deren Teilnehmer sich dann flugs aus dem Staub machten.

Dennoch wurde auch am folgenden Tag über die Lautsprecher mehrerer Moscheen gegen die christliche Gemeinschaft gehetzt, worauf sich erneut ein Mob bildete, der den Tod der beiden Pastoren forderte; schließlich vollstreckte ein wohl nicht staatliches Erschießungskommando die Forderung.

Anklagen wegen Blasphemie haben Inflation. Die Anschuldigung selbst reicht für eine Verurteilung schon aus. Vor allem die unteren Gerichte können es sich kaum erlauben, überhaupt erst Beweise zu prüfen, geschweige denn, einen Freispruch zu verordnen. Ein lynchwütiger Mob würde das schlicht nicht tolerieren.

## Das steht im Blasphemie-Gesetz

Das Blasphemie-Gesetz ist Teil des pakistanischen Strafgesetzbuches, des «Pakistan Penal Code», der oft einfach «PPC» genannt wird. Der Paragraph wurde durch die britische Regierung erlassen, im Jahr 1860, als Pakistan noch zu Indien gehörte. Eingeführt wurde der Absatz 295 – der heute die Minderheiten erzittern lässt –, um alle Anbetungsstätten und alle Religionen des Subkontinents zu schützen. Damals wurde darin niemand diskriminiert, keine Klasse wurde bevorzugt; alle waren gleich vor dem Gesetz. Er sollte Harmonie und Frieden bringen sowie Toleranz, Verständnis und Respekt der vielfältigen Gesellschaft in dieser Gegend etablieren. Es war ein typischer Verfassungsteil einer säkularen Demokratie. Alle sollten profitieren und niemand benachteiligt werden.

Nach diesem verheißungsvollen Auftakt aber wurde dieses Gesetz zusehends in eine Waffe der Zerstörung verwandelt. Eine erste Änderung im Jahr 1927 scheint noch gering, ganz so, als wäre der Paragraph einfach ein wenig ausführlicher formuliert worden. Hintergrund war eine skurrile Schrift des indischen Autors Rajpal, der Mohammed in ein negatives

Licht rückte. Bald gerieten Hindus und Muslime in einen energischen Konflikt, in dem auch Rajpal den Tod fand, ermordet von einem Fanatiker.

In der Folge wurde das Blasphemie-Gesetz um einen Absatz ergänzt, der später auch in den PPC, also ins pakistanische Strafgesetz, Eingang finden sollte. Der Absatz mit der amtlich-nüchternen Bezeichnung «295-A» klingt eigentlich nur ein wenig persönlicher, und er zielt etwas weiter. Sprach man unter «295» noch von einer «religiösen Gruppe», deren religiöse Gebäude oder Objekte «zerstört» würden, stellte nun «295-A» auch «Worte, geschrieben oder gesprochen» unter Strafe, die gegen «religiöse Gruppen oder religiöse Gläubige» ausgesprochen wurden. Ging es vorher also um Zerstörung, wurden nun auch Worte verboten, die gegen die religiösen Gefühle abzielten; dies bei gleichem Strafmaß, also zwei Jahre Gefängnis oder Geldbuße oder beides.

Einstweilen hatte das Gesetz nun in dieser Form Bestand, bis Pakistans Diktator Mohammed Zia-ul-Haq die Macht übernahm. Bald führte er die Hadd-Strafen wieder ein, die aus dem Koran und dem Wirken Mohammeds abgeleitet werden und beispielsweise vorsehen, dass einem Dieb die Hand abgehackt wird oder eine Frau nach außerehelichem Sex lebenslangen Hausarrest erhält oder gesteinigt wird.

Zia-ul-Haq gilt als Vorreiter des Trends zur Wiedereinführung der Scharia. Wurden zwischen 1918 und 1947 nur vier Blasphemie-Fälle in Indien gemeldet und von 1947 bis 1986 fünf in Pakistan, sollte die unheilvolle Geschichte nun ihren Lauf nehmen. Ein schreckenerregender Buchstabe sollte das Gesetz erweitern, wieder ein «A». Dieses wurde 1980 zum Absatz 298 hinzugefügt. Nun ging es nicht mehr um Eigentum oder Gefühle einer religiösen Gemeinschaft, sondern um eine vorrangige Stellung des Islam. Wer nun mit Worten, geschrieben oder gesprochen oder sonst wie zur Schau gestellt, den «heiligen Namen» einer Frau Mohammeds, eines Mitglieds seiner Familie, eines Kalifen, des Propheten selbst oder eines seiner Gefährten beleidigt, auch wenn es eine Anspielung oder eine Andeutung ist, wird mit bis zu drei Jahren Gefängnis oder einer Geldbuße oder beidem abgestraft.

Existierten und handelten die verschiedenen Religionen bisher zumindest vor dem Gesetz auf gleicher Augenhöhe, war nun ganz offiziell eine Zweiklassengesellschaft geschaffen worden: Auf der einen Seite die Muslime, auf der anderen Christen, Hindus, Ahmadis, Sikhs und andere Gemeinschaften.

Doch der Revisionsrausch sollte noch weitergehen. Bald schon wurde an der Religionsapartheid weitergebastelt, auch der Koran erhielt nun in der pakistanischen Rechtsprechung eine Vorzugsstellung. Wer wissentlich einen Koran diskreditiert, zerstört oder herabwürdigt, soll ins Gefängnis kommen – lebenslänglich. Dies sieht Absatz «295-B» vor.

Noch dicker sollte es 1986 kommen: Ein weiterer Zusatz sieht seither sogar die Todesstrafe oder lebenslange Haft vor, für jeden, der Mohammed in irgendeiner Form beleidigt – dies also seit 25 Jahren. Ein weiterer unheilvoller Eingriff erfolgte 1991, als die Option zur lebenslangen Haft gestrichen wurde.

Seither sind insbesondere Christen und Ahmadis Zielscheibe dieser Paragraphen. Das Blasphemie-Gesetz ist vage formuliert, und die Missbrauchsrate – auch gegen «unangenehme» Muslime – ist in den letzten Monaten und Jahren rapide in die Höhe geschnellt. Eine falsche Anklage, von ein paar hinterhältigen Zeugen bestätigt, reicht aus, um jemandem den Boden unter den Füßen wegzuziehen.

Lokale Kleriker oder Mitglieder einer islamischen Gruppe können eine ihnen missliebige Person auf diese Weise spielend aus dem Verkehr ziehen. Die Motive variieren, in manchen Fällen sieht man auf den ersten Blick, dass mit der Anschuldigung schlicht und einfach ein Mitglied einer Minderheit angegangen wird. In anderen Fällen ist es offensichtlich, dass der Prozess nur wegen wirtschaftlicher oder beruflicher Rivalität eingeleitet wird.

Das Schema, gerade wenn es um eine andere Religionsgruppe geht, ist oft dasselbe: Über die Lautsprecher einer Moschee werden die Einwohner der Gegend aufgehetzt. In einem dramatischen Appell wird verkündet, dass dieser oder jener den Koran geschändet oder Mohammed gelästert habe und der Islam nun in Gefahr sei. Im Nu rottet sich ein fanatischer Mob zusammen, der häufig mit einer blutigen Lynchjustiz endet.

Meist aber landen die Beschuldigten für längere Zeit ohne Prozess im Gefängnis, selbst wenn die Beschuldigungen noch so haltlos sind. Wird der Fall schließlich vor Gericht verhandelt, lässt sich nicht so schnell ein Anwalt finden, der den Angeklagten vertritt. Die Rechtsvertreter können nämlich ebenfalls zur Zielscheibe von Fanatikern werden, da man es auch als Gotteslästerung betrachtet, wenn man jemandem beisteht, der angeblich Blasphemie begangen hat. Mehrfach schon wurden Anwälte – auch aus anderen Gründen – Opfer eines Anschlags.

CLAAS vertritt verschiedentlich Angeklagte, die freigesprochen werden, wenn deren Anwälte auf einer höheren Gerichtsstufe prozessieren. Bei unteren Justizstufen fordert manchmal eine aufgestachelte Menge vor dem Amtsgebäude lautstark das Todesurteil.

Insbesondere der oberste Gerichtshof liegt außerhalb der Macht der hinterhältigen Schergen. Dem Freispruch zum Trotz akzeptieren die finsteren Kräfte das Urteil meistens nicht. Eine Rückkehr ins eigene Haus, in den eigenen Wohnort ist unmöglich, im Handumdrehen würde sich ein fanatischer Haufen zusammenrotten, der über den Freigesprochenen herfallen würde. Somit bleibt als einzige Option das Abtauchen und der Aufbau einer neuen Existenz an einem anderen Ort – falls dies möglich ist –, fernab des in Pakistan so wichtigen Familienclans.

Auf Basis dieser drakonischen Gesetze und weiterer diskriminierender Passagen im PPC kreieren radikale Kräfte eine Atmosphäre der Intoleranz gegen religiöse Minderheiten. Längst hat sich eine Kultur des stillen Leidens verbreitet, aus Angst vor weiteren Übergriffen. Diese haben sich seit 2005 durch den dänischen Karikaturenstreit verschärft, weil der skandinavische Staat per se als christlich bewertet wird. Folglich wurde der islamische Prophet von einem christlichen Volk beleidigt – von einem Staat, von dem die wenigsten Pakistanis bis dato je gehört hatten. Umgehend wurden die einheimischen Christen in den gleichen Topf geworfen, unter Generalverdacht gestellt und entsprechend behandelt.

Etwa tausend Menschen wurden seit 1986 wegen Blasphemie angeklagt. Im vergangenen Jahr waren es alleine 125 Christen. Dutzende von Verurteilten sitzen in Todeszellen.[4]

Gegen Christen werden auch aus anderen Gründen Anklagen erhoben: wegen Predigens, Verteilens von christlicher Literatur, dem Konvertieren von Moslems zum Christentum und dem gar nicht gern gesehenen Bau von Kirchen. Der ehemalige Präsident, General Pervez Musharraf, rief zwar während seiner Regentschaft dazu auf, diese diskriminierenden Gesetze zu ändern, um einen guten Eindruck in der internationa-

[4] SPIEGEL ONLINE, Hamburg, 11. November 2010

len Gemeinschaft zu hinterlassen. Wiederholt nämlich hatten Beobachter aus anderen Ländern diese Paragraphen als ernsthafte Verletzung der religiösen Freiheit verurteilt. Aber auch seine Worte verhallten irgendwo zwischen dem monumentalen 8000er «K2», der mit seinen 8611 Metern der zweithöchste Berg der Welt ist, und dem fernen Karatschi im Süden am Indischen Ozean. Der politische Wille fehlte im pakistanischen Parlament, um dem destruktiven Trend ein Ende zu setzen.

Extremen Elementen spielte diese Haltung in die Hände. Dadurch ermutigt, unterdrückten sie ungestraft einzelne Menschen, aber auch ganze Gruppen. Die Regierung lehnt es aus politischer Eigennützigkeit ab, nachdrücklich gegen diese Machenschaften vorzugehen.

Besonders unnütz war die «Hudood Ordinance», die 1979 unter Zia-ul-Haq eingeführt wurde. Sie wurde zwar 2006 durch das Frauenschutzgesetz substituiert, das wird aber von Menschenrechtlern als «Augenwischerei» kritisiert. Die «Hudood Ordinance» war dazu gedacht, der islamischen Rechtsprechung Scharia den Weg zu öffnen. Sie machte Vorgaben, wie beispielsweise mit Trunkenheit, Diebstahl und Sex außerhalb der Ehe zu verfahren sei.

Dieses vom Militärdiktator bewilligte Reglement bestrafte außerehelichen Sex mit aller Härte, selbst wenn dieser brutal erzwungen worden war. So verlangten diese streng islamischen Paragraphen, dass eine Vergewaltigung von vier männlichen muslimischen Zeugen «guten Rufes» bestätigt werden müsse, die gegen den Angeklagten aussagen – da ist nur schon die Frage, wie viele Männer «guten Rufes» bei einer Vergewaltigung zusehen, ohne einzuschreiten …

Konnte ein Opfer also keine gut beleumdeten Gaffer vor Gericht präsentieren, lief es Gefahr, selbst angeklagt zu werden, etwa wegen Rufmord. Oder wegen der Behauptung, es hätte gestohlen oder außerehelichen Sex gehabt. Faktisch verhinderte dieses Gesetz also eine Anklage gegen einen Vergewaltiger nicht nur, es machte sie sogar gefährlich für das Opfer.

Zu verbüßen sind in solchen Fällen lange Haftstrafen, oder es werden brutalere Strafen verhängt wie öffentliches Auspeitschen oder – selten – Tod durch Steinigen. Etwas, das mittlerweile sogar durch Schweizer Islam-Konvertiten sowohl im Schweizer Fernsehen wie später auch in der gedruckten Presse nicht etwa verurteilt wurde, sondern einfach mit «Verständnis» zur Kenntnis genommen wurde. Nicht einmal eine klare Distanzierung fand statt.[5]

2006 schließlich reformierte Pakistans Präsident Pervez Musharraf diese Ordnung und ersetzte sie durch das Frauenschutzgesetz. Eine Vergewaltigung konnte nun zivilgerichtlich verhandelt werden. Umgehend erntete diese neue Bestimmung harsche Kritik strengislamischer Gruppen, die nach der Scharia streben. Und schließlich wurden ihnen gewisse Zugeständnisse gemacht.

Menschenrechtler kritisierten, das neue Gesetz sei insgesamt eine Farce, die die «Hudood Ordinance» in ein besseres Licht stellen wolle.

Diese «Ordinance» war nicht der einzige eigentümliche Kodex. Weitere problematische Normen wurden eingeführt, so etwa 1984 der «Qanoon-e-Shahadat» (Gesetz der Zeugen). Darin festgehalten ist, dass vor Gericht zwei muslimische Zeuginnen genauso viel wert sind wie ein männlicher Zeuge. Und es sind vier nicht-muslimische Männer vonnöten, um ei-

[5] Berner Zeitung Online, Bern, 26. April 2010

nen islamischen Mann aufzuwiegen. Unklar ist, wie viele «ungläubige» Frauen vor Gericht erscheinen müssen, um einen «Rechtgeleiteten» ersetzen zu können.

Unermüdlich klopft Nasir Saeed vom englischen CLAAS-Büro, das von den Vereinten Nationen als Beobachterposten anerkannt ist, bei britischen Politikern, EU-Parlamentariern, Kirchenvertretern und Würdenträgern an, um auf die Lage im Land aufmerksam zu machen.

Abgeordnete und Funktionäre erkennen die missliche Lage durchaus. So schreibt etwa Lord Malloch-Brown, damals Minister of State im «Foreign & Commonwealth Office», er teile die Sorge und verurteile diese Akte. Er schließt mit den Worten, dass Pakistan die Konvention der Kinderrechte unterschrieben habe und dass man weiterhin Druck auf den islamischen Staat machen müsse. Die Regierung müsse ihren Verpflichtungen gegenüber internationalen Gesetzen nachkommen – bloß (und das steht natürlich nicht im Brief) ist Islamabad eben doch sehr weit von London entfernt.

Auch die Baroness Nicholson of Winterbourne erklärt beispielsweise, die Kidnappings gegenüber dem pakistanischen Botschafter in Brüssel verurteilt zu haben.

Doch so lange sich viele, auch in der höheren Politik, realitätsresistent hinter der Mär vom «Einzelfall» verschanzen, statt diesen Verbrechen gegen die Menschlichkeit entschieden die Stirn zu bieten, fehlt es an internationaler Ächtung gegen die latente Diskriminierung, insbesondere gegen Frauen, aber auch gegen Mitglieder von Minderheiten.

Gerne werden die Überbringer der Botschaft – insbesondere in Deutschland – mit der Nazi-Keule abgestraft. Doch das ist bisweilen weit hergeholt, wenn diese Menschenrechtler aus der Türkei, dem Iran oder Pakistan stammen. Oder wenn sie selbst einen muslimischen Hintergrund haben und womöglich noch in einer linken Partei Politik machen und aus dieser Position heraus gegen die erwähnten Verbrechen aufstehen.

## Asia Bibi – zum Tode verurteilt

Am 7. November 2010 wurde Asia Bibi (45) zum Tode verurteilt, dies wegen angeblicher Beleidigung des Propheten Mohammed. Als erster Mensch soll sie in Pakistan wegen Blasphemie hingerichtet werden.[6] Bisher wurde noch niemand wegen angeblicher Blasphemie durch den Staat umgebracht, wohl aber durch einen rasenden Mob. Die Begründung: Bibi habe Mohammed im Juni 2009 in einem Gespräch mit islamischen Arbeitskolleginnen verunglimpft.

Die Tagelöhnerin lebt im staubigen Dorf Itanwali, das etwa 75 Kilometer westlich der Millionenmetropole Lahore im pakistanischen Bundesstaat Punjab liegt. Die meisten Einwohner arbeiten auf der Farm des muslimischen Großgrundbesitzers Mohammed Idrees. Lediglich drei Familien sind christlich, im Ort kennt sie jeder als «die Ungläubigen», aber man komme miteinander aus.[7]

Immer drängten ihre Kolleginnen, sie solle doch zum Islam übertreten. Das Schicksal nimmt schließlich im Juni 2009 seinen Lauf. Bibi holt Wasser aus einem Brunnen. «Es ist ein hei-

[6] Pressemitteilung der Internationalen Gesellschaft für Menschenrechte (IGFM), Frankfurt am Main, 12. November 2010

[7] SPIEGEL ONLINE, Hamburg, 11. November 2010

ßer Tag, die Arbeit auf dem Feld ist anstrengend, die Frauen sind zu Streit aufgelegt», schreibt «SPIEGEL ONLINE». Zurück bei ihren Kolleginnen, verlangen diese, dass Bibi zum Islam wechsle. Sonst könnten sie ihr Wasser nicht trinken. Denn da es eine Ungläubige geholt habe, sei es «unrein».[8] Eine hitzige Diskussion entbrennt.

Christen gehören mehrheitlich der niedrigsten sozialen Gruppe an, ähnlich den Hindu-Kasten. Ihnen ist es verboten, aus den gleichen Brunnen oder Gefäßen zu trinken wie Menschen, die in der sozialen Hierarchie höher stehen. Insbesondere auf dem Land ist diese Diskriminierung weit verbreitet. Soziale und religiöse Konflikte werden dabei vermischt.[9]

Bibi bestreitet die Sätze, die ihr zur Last gelegt werden. Laut dem «Daily Telegraph» war der Streit nach der Bemerkung, «das Wasser sei durch sie unrein», beendet. Ein wütender Mob wollte Tage später wissen, dass sie gesagt habe, Jesus Christus sei für die Sünden der Menschen am Kreuz gestorben. Was habe Mohammed für die Menschen getan? Jesus sei lebendig, Mohammed dagegen tot. Auch soll sie gesagt haben, dass Jesus Christus der wahre Prophet Gottes sei, nicht «euer Mohammed». Worte, die sie nie gesagt habe, bekräftigt Bibi. Im Gegenteil, *sie* sei wegen ihres Glaubens diskriminiert worden. Zudem begannen die Frauen sie zu schlagen, bis sie schließlich floh.[10]

Wenige Tage später steht also die erzürnte Menschenmenge, darunter auch islamische Geistliche, vor der Tür der Fami-

---

[8] Bild.de, Berlin, 13. November 2010

[9] Evangelischer Pressedienst (epd), Frankfurt am Main, 12. November 2010

[10] SPIEGEL ONLINE, Hamburg, 11. November 2010

lie. Bibi wird davongezerrt und in einem Raum eingeschlossen. Ein Männerrat legt eine Strafe fest, die über den Lautsprecher der Dorfmoschee verkündet wird. Man soll ihr Gesicht schwarz anmalen und sie auf einem Esel durch das Dorf führen. Das jedoch verhindert die Polizei, die sie «zu ihrer Sicherheit» ins Gefängnis sperrt.

Christliche Gruppen bitten die Behörden, den Fall auf sich beruhen zu lassen, die Polizei aber erklärt, dass sie keine Wahl habe, die Mullahs wollten den Fall vor Gericht bringen.[11] Ein Ministeriumssprecher wird zitiert: «Die Polizei war durch den muslimischen Mob unter Druck. Man forderte, Asia zu töten, weil sie schlecht über den Propheten gesprochen habe.»[12]

Rund eineinhalb Jahre sitzt sie im Kerker, Anhörungen folgen, der Entscheid wird laufend verschoben. Am Montag, dem 8. November 2010, verkündet das Gericht in Sheikhupura das vernichtende Urteil: Wegen Blasphemie wird Asia Bibi zum Tod am Galgen verurteilt, und davor hat sie noch eine Geldbuße in Höhe von zweieinhalb Jahresgehältern zu bezahlen. Bibi legt Berufung ein. Andere fordern den umgehenden Freispruch, so etwa Nazir S. Bhatti, Chef des Pakistanischen Christen-Kongresses (PCP). Bhatti verlangt, dass das Urteil gegen Asia Bibi sofort rückgängig gemacht und sie freigelassen wird.[13]

Während sich selbst der Papst zu einem Statement verpflichtet sah und ausdrücklich wünschte, man möge Bibi freilassen, kam ein hochrangiger muslimischer Geistlicher zu einer anderen «Bewertung» der Lage: Er setzte ein Kopfgeld aus.

---

[11] SPIEGEL ONLINE, Hamburg, 11. November 2010

[12] Daily Telegraph Online, London (GB), 9. November 2010

[13] Bild.de, Berlin, 13. November 2010

«Ich gebe demjenigen 500 000 Rupien (4350 Euro), der Asia Bibi tötet», versprach Maulana Yousuf Qureshi. Der Vorbeter in der historischen Mohabat-Khan-Moschee in Peschawar forderte die radikal-islamischen Taliban ausdrücklich zum Mord an der Frau auf. Dies wäre «wahrhaft ein Dienst an der Religion».[14]

Etliche muslimische Vorbeter hetzten bei Demonstrationen gegen Bibi und forderten, dass sie nicht freigelassen wird.

Viele, viele weitere pakistanische Christen sitzen seit Jahren wegen angeblicher Blasphemie in den Todeszellen pakistanischer Gefängnisse: darunter Kingri Masih und Anwar Kenneth seit 2002, und seit Mai 2006 der heute 40-jährige dreifache Familienvater Younis Masih, der sich über laute islamische Musik bei einem Nachbarn beschwert hatte.

Laut der christlichen Menschenrechtsorganisation «Nationale Kommission für Gerechtigkeit und Frieden» dienen achtzig Prozent der Blasphemie-Anklagen dazu, persönliche Streitigkeiten auszutragen. Schon lange fordern Menschenrechtler eine Revision des Gesetzes. Die Regierung hat diese zwar versprochen, aber noch nicht dementsprechend gehandelt.[15]

Frauen in Pakistan werden immer weniger verschont, berichtet die Internationale Gesellschaft für Menschenrechte, IGFM: Wegen ähnlicher Anschuldigungen droht den inhaftierten Christinnen Rubina Bibi und der sechsfachen Mutter Martha Bibi, die Schulden von einem Muslim einfordern wollte, die Todesstrafe. Im März 2010 erhielt das christliche

---

[14] Bild.de, Berlin, 4. Dezember 2010

[15] Evangelischer Pressedienst (epd), Frankfurt am Main, 12. November 2010

Ehepaar Ruqqiya Bibi und Munir Masih 25 Jahre Gefängnis wegen angeblicher «ritueller Verunreinigung des Korans».[16]

Wegen angeblicher Koranverbrennung erhielt der 26-jährige Imran Masih im Januar 2010 eine lebenslängliche Haftstrafe, und seit Anfang 2009 befindet sich Hector Aleem, Direktor einer pakistanischen Menschenrechtsorganisation, wegen einer angeblichen blasphemischen SMS-Nachricht in Haft.[17]

Im Oktober traf sich eine IGFM-Delegation mit den Christen Rasheed und Saleem Masih – beide 1999 wegen angeblicher Islam-Beleidigung gegenüber einem Eisverkäufer angeklagt –, die seit ihrer Freilassung 2003 mit ihren Familien aus Angst vor Fanatikern im Untergrund leben müssen. In ähnlicher Lage befinden sich viele freigelassene «Blasphemie»-Opfer. Ebenso bedroht sind Konvertiten aus dem Islam, zum Beispiel Frauen, die wegen Heirat mit einem Christen zum Christentum übertreten.

## Pakistan auf dem internationalen Parkett

Auf dem internationalen Parkett tritt Pakistan vehement für die islamische Sache ein und gehört zu ihren Vorreitern. Beispielsweise auch im Namen der OIC (Organisation der Islamischen Konferenz), der 57 Nationen angehören und die fordert, dass – weltweit – Religionen «öffentlich nicht diffamiert werden dürfen». Ein Antrag, den Pakistan seither in den Men-

[16] Pressemitteilung der IGFM, Frankfurt am Main, 12. November 2010
[17] ebd.

schenrechtsrat der UNO einbringt, der aber von der westlichen Welt abgelehnt wird, auch wegen der OIC-Strategie gegen «Islamophobie» und gegen die «Beleidigung des Islams». Ein solcher Diffamierungsartikel wird als Einschränkung der Meinungsfreiheit gesehen, da zwar «Religion» draufsteht, aber in erster Linie «Islam» gemeint ist.

Längst gehört Pakistan zu den «Klassensprechern» der islamischen Nationen, nach Indonesien mit rund 200 Millionen Muslimen ist die islamische Republik mit 166 Millionen Muslimen das Land mit der zweitgrößten islamischen Bevölkerung. In Pakistan leben mehr Muslime als in Ägypten und Saudi-Arabien zusammengezählt. Gefolgt übrigens auf Rang drei von Indien mit 156 Millionen Muslimen.

Pakistan ist das Land mit der weltweit sechsthöchsten Anzahl an Einwohnern. Und obwohl rund 96 Prozent der Einheimischen sich zur islamischen Gemeinschaft zählen, gehen die größten Minderheiten, jene der Christen und der Hindus, immer noch in die Millionen. Wie wenig ernst es die pakistanische Regierung aber meint, auch diese Millionen als vollwertige Einwohner zu zählen, zeigte sich beispielsweise im Jahr 2009 auf der Weltkonferenz gegen Rassismus, der «Durban-Review-Konferenz» in Genf, die der Autor besuchte.

Auf diesem Gipfeltreffen schilderten Vertreter fast aller Nationen, wie es um den Kampf gegen Rassismus und gegen jegliche Form der Diskriminierung auf heimischem Boden steht. Und während europäische Nationen nicht nur ihre Fortschritte herausstrichen, sondern auch weiteres Potenzial zur Verbesserung einräumten, war insbesondere von den über fünfzig islamischen Staaten nur blumiges Eigenlob und erschreckende Einseitigkeit zu vernehmen.

Allen voran auch seitens der pakistanischen Vertreter. Außenminister Nawabzada Malik Amad Khan betitelte die Konferenz als «Meilenstein» und sprach alsbald davon, dass weltweit 1,5 Milliarden Muslime diskriminiert würden. «Keine Religion darf die andere unterdrücken», sagte Khan. Dass mit lediglich zwei Ausnahmen in jedem der 55 islamischen Staaten[18] Minderheiten systematisch schikaniert und – insbesondere Konvertiten – teils mit dem Tod bedroht werden, war dagegen keiner Erwähnung wert.

Man stelle sich vor, in jedem christlich geprägten Land würden mit Panzerfäusten, Raketenwerfern und Gewehren bewaffnete Gruppen Bibeln in die Höhe halten und skandieren: «Wir ruhen nicht, bis alle Ungläubigen das Land verlassen haben!» Nicht auszudenken …

Dieses Treffen auf Schweizer Boden zeigt, welche Herausforderungen Christen und andere Minderheiten in islamischen Gebieten derzeit zu bewältigen haben. Deshalb sei hier ein kurzes Abschweifen erlaubt. Der Fokus soll ein wenig erweitert werden auf die «Weggefährten» Pakistans. Hätte sich ein Außerirdischer an der Konferenz beteiligt und anschließend in seiner Heimat Bericht erstattet, wäre er zum Schluss gekommen, dass auf diesem Planeten zwei Probleme herrschen: Auf der ganzen Welt werden Muslime verfolgt, und Israel muss offenbar in mehr oder weniger jedes Land dieser Erde einmarschiert sein.

[18] Guyana und Surinam sind hier nicht mitgezählt. Beide sind in der OIC (Organisation der Islamischen Konferenz) mit dabei, der 57 Nationen angehören. Die südamerikanischen Staaten Guyana und Surinam haben je eine muslimische Minderheit, deren Anteil in der Bevölkerung kleiner als fünfzehn Prozent ist.

So erklärte beispielsweise der Vertreter Kuwaits, dass sein Land gegen Rassismus und gegen Ausgrenzung vorgeht. Und dann kritisierte er ein einziges Land. Am Pranger standen nicht Nordkorea, Sudan, China oder andere Nationen, die sich schon wiederholt des Rassismus und der Ausgrenzung schuldig gemacht haben, sondern: «Was Israel tut, ist Rassismus. Auch der Golan muss zurückgegeben werden.» Auch wollte der kuwaitische Redner bemerkt haben, dass Moslems mehr und mehr diskriminiert würden. Dass in seinem eigenen Land das Verteilen christlicher Literatur verboten ist und das Strafgesetzbuch für den Abfall vom Islam die Todesstrafe vorsieht, vergaß er in seinem engagierten Votum zu erwähnen.

«Wir suchen Frieden im Nahen Osten», machte die libanesische Sprecherin deutlich. Ein Plan, den die libanesische «Partei Allahs», die Hisbollah, bisweilen mit Raketenbeschuss gegen Israel und mit mörderischen Übergriffen gegen die christliche Minderheit im Südlibanon etwas eigentümlich umsetzt. Freilich war dies kein Thema in der Wortmeldung des Mittelmeerstaats. Vielmehr wurde einzig und allein Israel verurteilt.

Niemand dürfe wegen seiner Herkunft gehasst werden, erläuterte die Vertretung aus Bangladesch, um dann ein Land herauszuheben. Bangladesch, das Land mit der viertgrößten islamischen Bevölkerung (135 Millionen Muslime), dachte dabei aber nicht an das nahe China, Indien oder Birma – sondern nur an Israel, obschon der durchschnittliche Einwohner wohl noch nie einen Israeli oder einen Juden gesehen hat.

Aserbaidschan wie auch Jordanien sahen die Muslime diskriminiert. Und das, obwohl beispielsweise in Jordanien «Ehren»-Morde verübt werden, wenn jemand vom Islam «abfällt». Eine finale Diskriminierung – würde diese unterlassen, wäre ein wesentlicher Schritt in Richtung Freiheit und Religionsfrieden gemacht. Ein solcher Denkansatz fehlte freilich völlig.

Vielmehr kriminalisierte auch der algerische Redner Israel und sprach von einem Massaker im Gazastreifen. Erneut wurde kein anderes Land angesprochen, obschon da etwa Nordkorea, Sudan oder Iran sehr viel Stoff bieten würden. Apropos Iran: Israel wurde von den Iranern als «Regime» bezeichnet, «die Menschenrechte müssten dort angewendet werden!» Aber eigentlich gäbe es doch gerade im Folterstaat Iran auch Raum zur Verbesserung – es sei an die staatlichen Ermordungen von Homosexuellen erinnert, an das Niederschlagen politischer Opposition durch Schlägertrupps oder die Inhaftierung christlicher Gemeindeleiter.

Auch der arabische Golfstaat Katar ließ sich nicht lumpen: Er stelle Intoleranz gegen Muslime fest, sagte Saif Mugaddam Al Buainain. Darüber, dass in seinem Land Kirchen nicht als solche erkennbar sein dürfen und nichtislamische religiöse Literatur zensiert wird, verliert der Beigeordnete des katarischen Außenministers kein Wort.

Der syrische Außenminister Faysal Mekdad sah ebenfalls eine Unterdrückung von Muslimen, ansonsten erwähnte er keine Religion, obschon sattsam Beispiele vorhanden gewesen wären. Vielmehr rückte er Israel ins Zentrum. Diese Nation habe Syrien den Golan geraubt, behauptete Mekdad. Bei dieser Darstellung passt nicht ins Bild, dass Syrien Israel in dem damaligen Krieg wörtlich «ins Meer treiben» wollte. Deshalb rutschte dieses «Detail» unter den Teppich der Assembly Hall im Palais des Nations in Genf.

«Die Menschenrechte sind universal», versicherte Bahrains Außenminister Nizar Sadeq Al Baharna. Er führte weiter aus, dass die Gefahr religiöser Diskriminierung bestehe. Al Baharna dachte dabei aber nicht an die Hindus in Bangladesch oder die Bahai und Sufis im Nahen Osten – nein, seine Sorge galt allein dem Islam.

Dass Rezlan Jenie vom indonesischen Außenministerium den Islam ebenfalls als gefährdet darstellte, durfte erwartet werden. Sein Land bezeichnete er als Mosaik, in dem Menschen aus den verschiedensten Kulturen zusammenleben. Aber perfekt sei man nicht. Christen, die allein wegen ihres Glaubens inhaftiert sind, durften dies übrigens schon mannigfaltig erfahren. Ein «Detail», das ebenfalls mühelos den Weg unter den Teppich fand. Auch Jenie erwähnte nur ein Land, das gegen Menschenrechte verstoße. Fündig wurde er aber nicht in seiner eigenen Region in Nationen wie China, Nordkorea oder Birma – nein, auch er brandmarkte nur Israel.

Von Hussein Al-Zuheiri, dem irakischen Vizeminister für Menschenrechte, erfuhr der Zuhörer, dass der Irak multikulturell sei, Religionsfreiheit akzeptiere und die verschiedenen Rassen und Sprachen friedlich zusammenleben würden. Überraschend positive Neuigkeiten also für alle Kurden sowie die Christen, etwa in Bagdad oder Mossul, wo seit mehreren Jahren nichts anderes als ein Exodus des ausblutenden Christentums zu beobachten ist. Geflissentlich darüber hinwegsehend, lehnte Al-Zuheiri die «Diskriminierung der Israelis gegenüber den Palästinensern ab». Nun, während Palästinenser in Israel seit Jahrzehnten Arbeit finden, erhielten die Kurden im Irak so «nette Dinge» wie Giftgas, Vertreibung und Unterdrückung serviert.

Die Konferenz, eine Farce, ein Jahrmarkt der Menschenrechtsverletzer (mit löblichen Ausnahmen).

Beispiel Sudan. Vizejustizminister Abdel Daiem Zumrawi spielte die Sklaverei in seinem Land herunter, der Krieg gegen den Süden (rund zwei Millionen Tote) und der Krieg gegen

Darfur (400 000 Tote) fielen unter den Tisch – die Millionen von Flüchtlingen ebenfalls. Stattdessen verurteilte Zumrawi wen? Genau: Israel.

Beispiel Libyen, das über etliche Monate zwei Schweizer als Geiseln hielt und die Menschenrechte regelmäßig gnadenlos mit Füßen tritt: Während Nachbar Sudan bereits zum zweiten Mal in zwei Jahrzehnten einen Genozid durchführt, behauptet der libysche Vertreter Abdulati Alobidi, Israel sei ein «Pionier im Genozid». Und das, obgleich der angeschuldigte Staat die eigenen Soldaten in Gefahr bringt, um palästinensische Zivilisten zu schonen.

Zur Erinnerung: Kein anderes Land wurde namentlich erwähnt. Nur Israel, und das mehr als zwei Dutzend Mal. Und nur eine Religion wurde namentlich hervorgehoben[19] und als gefährdet dargestellt: der Islam, ebenfalls über zwei Dutzend Mal – in erster Linie von islamischen Ländern, die auf ihrem eigenen Boden Anhänger anderer Glaubensrichtungen schlicht und einfach zu Bürgern zweiter Klasse machen.

Am übelsten gehetzt hat Irans Präsident Mahmud Ahmadinedschad – der aber in den darauffolgenden Tagen von mehreren europäischen Vertretern für den Missbrauch der Plattform gerügt wurde. Wie selbstverständlich machte der Iran vom Recht der Entgegnung Gebrauch und nannte diese kritischen Voten: «Irrelevant!»

Das Bild, das die islamischen Vertreter als Schreckgespenst an die Wand malten, hieß «Islamophobie». Es ging aber nicht um die ungezählten Muslime, die in Darfur starben, um die

---

[19] Mit Ausnahme des Vatikans, der ebenfalls einen Sitz unter den Nationen hatte und darauf hinwies, dass Christen wegen ihres Glaubens in mehreren Nationen harte Verfolgung erleiden.

islamischen Kurden, die im Irak vertrieben werden, oder die muslimischen Sufis, die sich oft bedrängt sehen. Wenn islamische Staaten Muslime töten, wird dies nicht kritisiert; wenn der Westen behutsam für mehr Menschenrechte auch in muslimischen Nationen einsteht, ist das jedoch «Islamophobie».

### *Leere Versprechen*

Wohlklingend waren die Versprechen, als Pakistan am 14. August 1947 von den Briten unabhängig wurde und sich aus dem indischen Staat herauslöste. Mehrere religiöse Minderheiten lebten im Land, ihnen wurde versichert, dass sie ihren Glauben im neugeborenen Staat in Freiheit ausdrücken und praktizieren dürfen. Auch würden sie als gleichwertige Einwohner angesehen, die sich an denselben Gesetzen erfreuen dürfen wie die islamische Mehrheit.

Nun, wenn Vorfreude die schönste Freude ist, muss jene der Christen mittlerweile ins Unermessliche gestiegen sein, denn seit fast 65 Jahren dürfen sie sich darauf freuen, dass diese schönen Worte eines Tages in die Tat umgesetzt werden. Denn kaum war die neue Nation gegründet, war es um die schönen Verheißungen geschehen, die der Landesvater «Quaid-e Azam»[20] Muhammad Ali Jinnah gemacht hatte. Bald nahmen muslimische Kräfte überhand, der Islam wurde zur Staatsreligion erklärt, das Land hieß fortan «Islamische Republik Pakistan» und wurde zur Basis einer Gesellschaft, in der Nicht-Muslime sich bald in der Rolle zweitklassiger Bürger wiederfanden.

---

[20] «Quaid-e Azam» = «Größter Führer»

## Zwangs- und Liebesheirat

Diese Ungleichheit ist etwa bei freiwilligen und erzwungenen Ehen interreligiöser Art zu beobachten. Gerade in ländlichen Gegenden ist die christliche Bevölkerung oft bettelarm. Häufig lebt die Familie in einem kleinen Haus, und tagsüber arbeiten alle für einen Großgrundbesitzer oder in einer Lehmgrube, um Ziegelsteine herzustellen. Oft heiratet so ein wohlhabender Muslim eine Christin gegen ihren Willen, sei es, um den Bediensteten eine Lektion zu erteilen, oder weil ihm das Mädchen einfach gefällt. Die Chance, vor Gericht Recht zu bekommen, ist für so eine Frau verschwindend gering. Da wird beispielsweise eine Übertrittsurkunde auch von einem Imam unterzeichnet, und ein Anwalt kann aus finanziellen Gründen nicht engagiert werden. Dazu ist es für den Wohlhabenden ein Leichtes, die ganze Sache anders darzustellen. Etwa dass das Ganze ein Ablenkungsmanöver sei, weil jemand aus der christlichen Familie ihn bestohlen hätte oder weil sie sich der Blasphemie schuldig gemacht hätten. Fliehen und anderswo neu zu beginnen scheitert ebenfalls am Geld und der zu großen Entfernung zum Rest der Sippe.

Eine Heirat eines christlichen Jungen mit einem muslimischen Mädchen ist ungewöhnlich, kein Problem aber ist es für einen muslimischen Jungen, ein christliches Mädchen zu heiraten, wenn dieses aus Liebe den Islam annimmt. Solche Ehen werden vollumfänglich akzeptiert. Schwieriger wird es, wenn zwischen den beiden mit den Jahren ein Konflikt entbrennt und die junge Frau den Islam wieder verlassen will. In eine Scheidung wird kaum eingewilligt, öfter endet eine solche unglückliche Liaison für die «Abtrünnige» tödlich. Gelingt ihr die Flucht, gerät ihre ganze Familie in Gefahr.

In Pakistan werden Ehen grundsätzlich arrangiert. Bei sogenannten Liebesheiraten wird die Vermählung im Verborgenen eingefädelt. Verlieben sich ein Christ und eine Muslimin, kommt aber auch dies kaum in Frage. Zu groß ist der Druck, der aus den Familien auf die beiden ausgeübt würde, und zu gefährlich wäre, was in einem solchen Fall von den Extremisten zu erwarten ist.

## Pakistan – ein Land zum Verlieben

Rikschas in allen Farben, und ab einer bestimmten Lebensdauer auch in allen Formen, brausen einem um die Ohren. Ebenso Motorräder mit vier Personen beladen, Fußgänger, Radfahrer und mehrheitlich weiße, beige oder dunkelblaue Autos. Und da und dort, am Rande des bald 8-Millionen-Molochs Lahore, zieht der eine oder andere Esel vorbei, der einen abgehalfterten Karren schleppt. Vehikel, die zur Zeit des Mongolensturms wohl noch in Bestform waren und einst vom Wagenknecht Attilas des Hunnen in Betrieb genommen worden waren.

Die Hupe ist ein nicht zu unterschätzendes, wenn nicht gar tragendes Element, das, sobald es dunkel wird, sein wertvolles Dasein mit der Lichthupe teilen muss.

Für den Nichteingeweihten erschließt sich die Bedeutung des Rotlichts an der Ampel nicht auf Anhieb. Selbst die Eselskarren schließen dicht auf, wie etwa jenes Grautier, dessen Kopf über dem abgewetzten, braunen Zwiebelsack des Wagens vor ihm zum Stehen kommt. Alles, was Odem hat, prescht drauflos.

Am augenfälligsten aber sind jene Busse, deren spektakuläre Farben sich in einem Buch mit Vierfarbendruck niemals wiedergeben lassen würden. Jeder Pantone-Farbfächer ist lediglich ein Abglanz des Farbspektrums dieser kolossalen, behäbigen Blechkisten, deren ächzende Karosserien von einem Sammelsurium dahingekleckster Schweißnähte zusammengehalten werden, und deren Verzierungen und liebevolle Verschnörkelungen so viel Kitsch beherbergen, dass sie den unbedarften Betrachter schon wieder mit viel Charme überwältigen.

Insbesondere nachts, wenn sich manche Straßenlampen als bloße Staffage entpuppen: Dann werfen die Fahrer dieser «Elefanten» ihre Lichtorgeln an, die keinen Unterton auslassen. Die Motoren schnurren und schnarchen, die Auspuffrüssel spucken dunklen Nebel aus, sobald die khakibraun gewandeten Fahrer mit ihren Sandalen auf die Gaspedale drücken. Bei manchen dieser Dieselschwadenschiffe hängen ringsum dünne Ketten wie Perlenvorhänge von den Heck-, Front- und Seitenschürzen bis auf die Straße hinunter.

Auf manchen Bussen prangt groß die Aufschrift «Allah». Ob die Fahrer damit göttliches Fahrkönnen herausstreichen wollen, bleibt ihr Geheimnis. «Roadking» prangt auf einer Rikscha, eine markante Ansage für ein doch eher kleines Fahrzeug.

Ein Motorrad streift uns vorne, weil der Fahrer einen zu engen Radius gezogen hat. Nichts passiert, außer einem strafenden Blick vom Chauffeur. Nach einem abrupten Bremsmanöver rutscht uns der Wagen hinter uns ins Heck, mehrere Fahrzeuge sind involviert. Da es mit geringem Tempo geschah, beschränken sich die Folgen auf ein paar Wortwechsel. Unfälle und Blechschäden resultieren aus der offensiven Ausrichtung des Straßenverkehrs. Nachts, wenn der Trubel abnimmt, rollen die alten Lastwagen vermehrt in die Innenstadt, was zu mehr Unfällen führt. Laufend ist irgendwo ein Krankenwagen unterwegs. Scherben hier, Scherben da. Die Mär, dass im Orient der Verkehr zwar wilder, aber dennoch sicherer läuft, mag für Multikulti-Ohren gut klingen, sie hat bloß mit der Realität nichts zu tun.

Geographisch und klimatisch gesehen ist Pakistan eine Art Schweiz im ausgeprägten Großformat: Da sind einerseits Gebirgsketten, Gletscher und Berge – unter anderem der zweithöchste der Welt, der K2 –, andererseits zeigt sich das Land im Süden (ebenfalls wie die Schweiz mit ihrem Tessin) mediterran mit Palmen und Stränden. Im Gegensatz aber zur europäischen Alpenrepublik hat Pakistan zudem Wüsten und einen Zugang zum Meer.

Hört man den Landesnamen Pakistan, hat man die Fernsehbilder aus der Tagesschau vor Augen: Taliban-Kämpfer, die auf Hügeln aus Staub und Stein auf ächzenden Geländewagen über eine Rumpelpiste holpern und mit vollautomatischen Gewehren fuchteln, oder pakistanische Militärs, die sich in Durchhalteparolen üben – alles unter glühender Hitze.

Aber auch in Pakistan will Frieren gelernt sein: Von November bis Februar klirrt die Kälte nicht nur im Berggebiet, und manchmal mischt sich selbst in wärmeren Monaten etwas Schnee in den Regen in Lahore oder Hagel in Gujranwala. Auch die verheerenden Hochwasser im Sommer 2010 zeigten, dass dort andauernder, heftiger Regen niedergehen kann. Insbesondere der Punjab, in dem mehr als die Hälfte der Einwohner des Landes lebt, ist es auch, der mit ergiebigem Regen gesegnet ist, während der Süden vor allem vom Südwestmonsun im Juli und August lebt. Extrem trocken lebt es sich auch in Belutschistan, der größten Provinz Pakistans, die den Südwesten ausmacht und von Wüste und Gebirge geprägt ist, wo aber auch Laub- und Nadelbäume angesiedelt sind.

Fünf der weltweit vierzehn Achttausender liegen im nördlichen Pakistan, das etwa doppelt so groß wie Deutschland und Österreich zusammen ist. Im Karakorum-Gebirge sind einige der größten Gletscher außerhalb der Polargebiete beheimatet.

Und wird der Irak dank Euphrat und Tigris gern das «Zweistromland» genannt, erhält allein der Landesteil Punjab das Attribut «Fünfstromland». Was sogar namensgebend ist: Punjab steht, aus dem Persischen abgeleitet, für «fünf Wasser». Gemeint war damit allerdings eine einstige Provinz in Britisch-Indien, die nach Erlangung der Unabhängigkeit in einen pakistanischen und einen indischen Teil getrennt wurde.

Die namensgebenden Flüsse tragen die malerischen Namen Satluj, Chanab, Jehlam und Ravi, die zum Einzugsgebiet des Indus gehören. Und der fünfte große Fluss hört auf den Namen Beas, der noch auf indischem Gebiet in den Satluj mündet. Detail am Rande: Vier der genannten Flüsse entspringen in Indien (Beas, Chanab, Jehlam und Ravi), einer in Tibet; keiner in Pakistan. Auch der Indus entspringt nicht in Pakistan, allerdings auch nicht in Indien, wie der Name glauben machen könnte: Der wichtigste Fluss Pakistans entspringt ebenfalls in Tibet.

Rund 173 Millionen Menschen leben in Pakistan, etwa 165 Millionen zählen sich zum Islam, die mehrheitlich unterschiedlichen sunnitischen Prägungen folgen. Je nach Quelle sind etwa je zwei Prozent der Bevölkerung Hindus und Christen. Nach China, Indien, den USA, Indonesien und Brasilien ist Pakistan das Land mit der sechstgrößten Bevölkerung.

Hinter Indonesien (etwa 200 Millionen Muslime) ist Pakistan das Land mit der zweitgrößten Anzahl an Muslimen. Dies vor Indien, das auf Rang 3 folgt. Zwar sind dort die Muslime eine 13-Prozent-Minderheit, das sind aber in diesem Milliardenstaat rund 156 Millionen Muslime. Somit sortiert sich Indien noch vor Bangladesch (Rang 4; etwa 140 Millionen Muslime) ein.

In Pakistan leben mehr Muslime als in Ägypten und Saudi-Arabien zusammengezählt. Das dürfte auch so bleiben. Mit einer der höchsten Wachstumsraten Asiens boomt die Nation: Pakistans Bevölkerung wächst jährlich um über zwei Prozent, dies auch, weil seit 1970 die Lebenserwartung von 51 Jahren auf heute über 63 Jahre gestiegen ist.

### *Das arme Pakistan*

Wie viele Fahrspuren die Hauptstraße durch den Vorort hat, überliefern die Markierungen am Boden nicht. Es scheint unerheblich und wandelbar, mal mögen es an der gleichen Stelle drei sein, mal vier bis fünf. Die meisten Häuser sind aus roten Backsteinen gebaut und meist unverputzt, manche sind nur zur Straße hin «zurechtgemacht». Selbst die Säulen der Banken werden zuerst mit diesem einfachen Baumaterial aufgebaut, ehe sie mit Marmortafeln verkleidet werden.

Die Szenerie erinnert an die bekannten Fernsehbilder vom Wilden Westen. Keine Zäune oder Abgrenzungen zwischen den Häusern, sondern nur staubig trockene Erde. Esel stehen herum, es scheint, als wäre die Zeit stehengeblieben. Rege Betriebsamkeit herrscht neben der Straße. An alten farbigen Lastwagen wird emsig herumgewerkelt, dem Aussehen nach waren sie schon Jahrzehnte vor Henry Fords Geburtstag in Betrieb. Alte, vergilbte Werbeschilder locken auf Englisch und Urdu. Verblasste Cola-Kisten stapeln sich in die Höhe und enthalten verstaubte, trockene Flaschen.

Die Arbeitslosenquote ist hoch, die Armut groß. CLAAS-Programmkoordinatorin Katherine Sapna spricht von etwa vierzig Prozent, die unter der Armutsgrenze leben und keine Chance haben, dreimal täglich zu essen, sondern nur einmal oder zweimal. Eine solche Familie, acht bis zwölf Personen sind da eher Regel als Ausnahme, lebt in einem kleinen Haus ohne separate Räume, während reiche Menschen in großen Bungalows hausen, in eigenen Kolonien mit eigenen Diensten und Zutrittskontrollen: eine Art VIP-Gegend.

Doch auch in Pakistan ist das Leben teuer geworden. Mit Hungerlöhnen von monatlich 6000 Rupien, was etwa fünfzig Euro sein mögen, lassen sich keine sechs bis sieben Personen ernähren. Die Inflation ist hoch, es fehlt an einem intakten Steuersystem und einer soliden Regierung, die eine funktionierende Gesundheitsversorgung hinstellt, Bildungseinrichtungen und so weiter. Alte und Kinder betteln, weil es an Nahrung fehlt, Frauen prostituieren sich, um an Geld zu kommen, erklärt Sapna.

Sehr günstig dagegen sind Mobiltelefone. Größenteils hat Pakistan die teuren Festnetzgeräte sozusagen übersprungen; viele sind direkt in die Handy-Ära eingetreten, denn diese Technologie ist sehr günstig.

Bis vor kurzer Zeit waren die Shops und Kaufhäuser auch in der Nacht geöffnet oder zumindest bis ein oder zwei Uhr in der Früh. Eine neue Regelung fordert, dass die Tore nun um acht Uhr abends geschlossen werden, insbesondere wegen der ungenügenden Stromversorgung – wobei die großen Häuser länger Kunden empfangen dürfen. Seit dieser Maßnahme hat sich die Lage gebessert.

Pakistan besteht nicht nur aus Staub und Steinen, die von unerträglicher Hitze zusammengehalten werden.

In den Städten werden die Bewohner seit Jahr und Tag mit fließendem Wasser versorgt, in den Dörfern wird es je nach Gegend auch mit Handpumpen ans Tageslicht befördert.

Von Geldbeutel und Religion unabhängig sind die Farben der Kleider, jedenfalls jene der Frauen: Ob arm, ob reich – gerne trägt das weibliche Geschlecht bunte Stoffe, oft in knalligen Farbkompositionen. Während die Frauen adrett und nuancenreich gewandet umherstolzieren, zeigen sich die Männer oft in spröden Weiß-, Grau-, Braun- und Schwarztönen und führen Sandalen spazieren, die geschmackliche Fragen außen vor lassen.

### *Das patriarchale Pakistan*

In islamischen Familien bestimmt traditionell der Mann, wo es langgeht, während in christlichen Sippen beide Partner den gleichen Status haben. Zwar ist auch bei Christen der Vater «das Haupt», aber die anderen sprechen mit und entscheiden gemeinsam. In muslimischen Clans sind jedoch die Jungen wichtiger als die Mädchen, und die Söhne sagen, was läuft, während das weibliche Geschlecht zum Nicken angehalten ist. Sie haben sich anzupassen, ob sie nun wollen oder nicht. Längst wehren sich FrauenaktivistInnen, doch am System, das nun seit über sechzig Jahren besteht, konnten sie nicht rütteln.

Sowohl in muslimischen wie auch in christlichen Familien werden die Ehen arrangiert, die Jugendlichen haben dazu nichts zu sagen; außer wenn sie die Sache selbst in die Hand nehmen und durchbrennen. Dann aber haben sie die Unterstützung der Eltern nicht, was für die jungen Leute sehr schwer werden kann.

Die Plakate säumen die zwei- bis dreispurigen Straßen, sie sind schrill und werden nachts beleuchtet. Hübsche Menschen, die sich in jedem Versandhauskatalog gut machen würden, werben für allerhand Mobiltelefone und Netzwerkbetreiber. Jeder ist mit elektronischem Schnickschnack und lauten Klingeltönen ausgerüstet, und seit die Regierung für einige Tage «Facebook» vom Netz nahm – weil über diese Plattform zu einem Mohammed-Karikaturen-Malwettbewerb aufgerufen worden war –, ist auch bei uns im «Westen» bekannt, dass gerade die junge Generation der Islamischen Republik längst im elektronischen Zeitalter angekommen ist.

Selbst der Mann, der in der holprigen Nebenstraße Speiseeis verkauft, erweist sich, um sich bemerkbar zu machen, als technisch hochgerüstet. Eine Melodie, die im Westen für ein Kinderlied verwendet wird, scheppert aus einem Lautsprecher und kündigt das Kommen des Eisverkäufers an. Mit seinem Dreirad kurbelt er sich über die geschundene, nicht asphaltierte Straße, die wohl mehrfach vom Monsun besucht wurde – um es mal so zu sagen. Langsam ächzt sein Drahtesel tagsüber wie auch in der Dämmerung zwischen den Häuserzeilen hindurch. In Eile ist er nicht, bei Kundschaft hält er auch nachts an und kramt und wühlt die gewünschte Sorte aus der Kühltrommel hervor, während der Mond die Gegend hell beleuchtet.

## *Das geknechtete Pakistan*

Auch die Armen haben einen Fernseher und einen CD-Player, sogar in den Dörfern abseits der pulsierenden Großstädte. Für sie können solche Geräte aber zur Falle werden, wenn sie, ohne aufs Budget zu schauen, einen Kredit aufnehmen, um solche Apparate in den eigenen vier Wänden aufstellen zu können. Viele Arme, Christen und Muslime gleichermaßen, arbeiten in Lehmgruben von reichen Eigentümern. Diese Arbeiter und Hilfskräfte schuften schwer, erhalten wenig Lohn und leben in einfachen Häusern, die zum Gelände des Unternehmens gehören. Oft arbeitet die ganze Familie von früh bis spät mit.

Um einen Fernseher anzuschaffen, nehmen sie womöglich beim knurrigen Arbeitgeber einen Kredit auf, der kaum abbezahlt werden kann – dadurch sind sie an den Meister gebunden, der die Situation natürlich ausnutzt. Selbst für medizinische Versorgung und manchmal auch fürs Essen müssen neue Kredite beim Besitzer aufgenommen werden. Wegen der Hungerlöhne geraten die Familien immer tiefer in den Strudel der Abhängigkeit.

Noch heute sind etliche Menschen so geknechtet, auch wenn CLAAS im Jahr 2005 in einem Mammut-Prozess 750 Ausgenutzte befreite, die mehr oder weniger Leibeigene waren und sich bei Hitze und Kälte von früh bis spät in den Lehmgruben abstrampelten, um guternährten Bossen die Taschen zu füllen. In Gruppen von zwanzig bis dreißig Personen standen die Ausgebeuteten, oft ganze Familien, gemeinsam mit zielstrebigen Anwälten vor dem Richter – sie alle erhielten Recht und Freiheit. Allerdings, das muss auch gesagt sein, führen andere Unternehmer ihre Mitarbeiter mit Anstand, kümmern sich um sie und zahlen faire Löhne.

Andere Arbeiter in den Ziegeleien erleben, dass auf dem Papier steht, sie erhielten 3000 Rupien. In Tat und Wahrheit sind es dann aber nur 1000. Dennoch können sie nicht weg, während der Besitzer sehr viel Geld macht. Oft sind die Arbeiter Christen, da Frauen, Söhne und Töchter keine Chance zur Bildung erhalten; auch sie haben stattdessen zu schuften. In der Früh wird Erde und Wasser zusammengeschüttet, zwei Stunden muss darin herumgestampft werden, bis der Brei die richtige Konsistenz hat, um daraus Blöcke zu formen. Diese Leute arbeiten zwölf Stunden am Tag, zweimal gibt es ein Essen, gute Kleidung können sie sich nicht leisten und religiöse Tage nicht feiern.

Auch heute noch arbeitet CLAAS an solchen Fällen.

### *Das zwielichtige Pakistan*

Auch in Pakistan trinken Muslime Alkohol und haben außerehelichen Sex – allerdings im Verborgenen, obwohl jeder weiß, dass es täglich überall geschieht. Würde einer mit einem Bier in der Hand über die Straße stiefeln, würde er umgehend angehalten und hätte mit allerhand Konsequenzen zu rechnen. Und zwar von ehrbaren «Rechtgeleiteten», die aber im Verborgenen das Gleiche tun. Selbst Pubs und Nachtlokale werden betrieben, in denen getrunken wird, Tänzerinnen auftreten und käuflicher Sex angeboten wird; gerade auch mit Frauen, die dazu gezwungen werden. Solche Lokale locken nicht mit grellen Farben, sondern sind in Hinterhöfen den Blicken verborgen.

Der Westen wird für niedere Moral und schlechte Sitten kritisiert, es wird geheuchelt, solches geschehe im eigenen Land nicht. Interessanterweise stammen aber die meisten «Google»-Suchanfragen zum Thema «Sex» ausgerechnet aus Pakistan![21]

---

[21] Bild.de, Berlin, 19. Mai 2010

Sexuell ausgebeutet wurde etwa Rebecca Boota, ein Teenager aus ärmlichen Verhältnissen. Sie ist bildhübsch, was auch den beiden jungen Männern Gudgi und Arif aufgefallen war, verschiedentlich waren die zwei schon hinter ihr her gewesen. Rebecca war damals gerade vierzehn, als sie erfuhr, dass sie nun verheiratet sei: «Nicht, dass die Hochzeit arrangiert gewesen wäre – auch meine Eltern hatten keine Ahnung davon.» Gudgi war es gelungen, die arme Familie unter einem Vorwand zu sich zu locken. «Er eröffnete uns, dass er mich für Geld gekauft habe. Mein Vater wischte das weg, er habe von niemandem Geld erhalten und er gedenke auch nicht, mich, seine Tochter, herzugeben.»

Womöglich mit präparierten Getränken waren Rebecca und die Eltern betäubt worden. «Als ich wieder zu mir kam, wurde mir klargemacht, dass ich mit einem älteren Mann verheiratet bin, mit Arif, der 35 war, mehr als doppelt so alt wie ich. Ich wollte sterben oder diesem Ort entfliehen.»

Doch sie war gefangen und wurde in einer etwa zweieinhalbstündigen Autofahrt nach Faisalabad gefahren. Zwar waren ihre Augen verbunden, durch die Gespräche aber hat sie bemerkt, wohin die Reise ging.

Sie wurde in ein Haus gebracht und in einen Raum eingeschlossen. «Wenn ich aus dem Zimmer kam, waren da Männer, die mich fragten, wo ich hingehen will und was ich tun will. Wenn ich versuchte, das Haus zu verlassen, wurde ich hart geschlagen.»

Oft habe sie zu flüchten versucht. «Aber ich konnte nicht, sie hatten immer ein Auge auf mich.» Auch hätte sie den Weg nach Hause nicht gewusst. «Ich hoffte, dass mich mein Vater zurückholen würde. Es war eine Tortur, laufend bekam ich Prügel.»

Ihr «Mann» wollte nicht, dass sie ihre Eltern anrief. Wenn es ihr doch irgendwie gelang, versuchte sie ihnen zu sagen, was er mit ihr tat. Er missbrauchte sie sexuell, und seine Brüder taten dies ebenfalls. «Zudem kamen auch andere Männer und vergewaltigten mich. Ich wurde auch betäubt, ich war bewusstlos und wusste nicht, wie viele kamen, ob die Männer jeweils Geld von den anderen verlangten und ob an diesem Ort noch andere Mädchen so gehalten wurden wie ich.»

Rebecca wurde depressiv und wünschte sich, zu ihren Eltern zurückzukönnen. Oft versuchte sie zu entkommen.

Nach einiger Zeit brachte Arif sie wieder zurück in ihre Heimat, und er forderte Geld von Rebeccas Vater – dann würde sie freigelassen werden. Umgehend wandte sich der Vater an CLAAS und an die Polizei; bald wurde sie aus den Händen dieses Mannes befreit.

Es stellte sich heraus, dass Arif und seine Brüder gemeinsam mit Komplizen einen kriminellen Ring bildeten, eine Gang, in der offenbar Männer mit christlichem wie auch mit muslimischem Hintergrund vertreten waren. Rebeccas Entführer kamen vor Gericht, doch mit Hilfe eines Bestechungsgeldes wurden sie bald wieder auf freien Fuß gesetzt.

«Manchmal, wenn ich darüber spreche, habe ich Angst. Ich fürchte mich enorm vor diesem Mann. Es sind Kriminelle, das ist ihr Beruf, und ich denke, dass sie mich wieder kidnappen könnten. Meine Eltern fürchten die Gang ebenfalls, und sie lassen mich nicht alleine aus dem Haus.»

Rechtlich erwirkten die Anwälte, dass Rebecca von «ihrem Mann» geschieden ist. «Wenn ich die anderen Mädchen zur Schule gehen sehe, möchte ich auch gehen. Aber meine Eltern und ich fürchten uns wegen dieses Vorfalls. Ich wünschte, ich könnte studieren, aber das ist unmöglich. Ich möchte eine Stelle haben, aber das geht ebenfalls nicht. Ich arbeite im

Haushalt meiner Eltern, mache die Wäsche, die Küche, die Reinigung, all diese Sachen. Ich bin nicht gebildet und kann nicht irgendwo einen Job annehmen. Aber ich will das Haus führen und mich später um Haus und Gemahl kümmern. Geholfen hat mir mein Glaube. Gott tat all das, um zu zeigen, dass er an der Macht ist. Er ist souverän, er kann alles tun auf der Welt und in den Leben von uns Menschen. Ich vertraue Gott. Als ich in diesem Problem drin war, war er es, der mich aus der ganzen Situation rettete.»

### *Das sich wehrende Pakistan*

Längst nicht allen gefällt der Kurs der Extremisten und der Regierung – unter beiden haben im Übrigen auch sunnitische und insbesondere schiitische Muslime zu leiden. Eine Vielzahl von Anwälten, Kirchenführern und Menschenrechtlern wehrt sich gegen die Diskriminierungen, die sich gegen diverse Minderheiten genauso richten wie gegen die Frauen.

Zu den gefürchteten Machtmitteln gehört das Blasphemie-Gesetz. In einem fünfzig Seiten starken Dokument an UNO-Generalsekretär Ban Ki-Moon listete CLAAS die wachsende Anzahl von Attacken gegen die religiösen Minderheiten Pakistans auf. Angriffe, unter denen gerade auch die Christen leiden.

In einem dramatischen Appell erklärt der Menschenrechtler Joseph Francis die erschütternde Lage und dass sein Werk seit 1992 eine friedfertige Gesellschaft anstrebt, indem es die Stimme für die Unterdrückten erhebt. Die Anwaltskanzlei dokumentiert, welches die realen Motive der Ankläger sind und dass es oft nicht um Blasphemie geht, sondern um allerhand unterschwellige Konflikte.

So etwa in Gojra, wo acht Christen von einer tobenden Menge lebendig verbrannt wurden und einige Häuser von Christen mit chemischem Feuer niedergebrannt wurden. Die Morde haben alarmierend zugenommen. Blasphemie-Vorwürfe sind ein Teil der Geschichte, auch wenn die Diskriminierung deutlich tiefer sitzt. Die Anklagen werden in der Regel über die Lautsprecher der Moschee akustisch verstärkt vorgelesen und dienen der Aufhetzung. Oft getraut sich die Polizei nicht einzuschreiten, aus Angst vor dem rasenden Mob.

Im ursprünglichen Text, dem «Indian Penal Code» von 1860 war bei Blasphemie keine Todesstrafe vorgesehen, und es ging auch nicht nur um einen Glauben exklusiv.

Deutlich mehr als tausend Verfahren mit Blasphemie-Fällen wurden seit 1990 aufgenommen – Stand Ende 2009, als CLAAS sein Memorandum an die Vereinten Nationen überstellte. 476 wurden gegen Muslime eingeleitet, 479 gegen Ahmadis und 180 gegen Christen; im Jahr 2010 sind etliche weitere dazugekommen. Berechnet man nun aber, wie klein die Ahmadi- und Christen-Minderheit ist, erkennt man, dass sie prozentual übermäßig oft angeklagt werden. Genauer gesagt: Wäre das Verhältnis ausgeglichen, würden bei 476 angeklagten Muslimen nur etwa zehn Christen dieses Vergehens beschuldigt. Bei 180 angeklagten Christen müssten es umgekehrt rund 8550 Muslime sein.

Das typische Vorgehen, wenn sich der Vorwurf gegen Christen richtet, ist, dass über die Lautsprecher der Moschee behauptet wird, dieser oder jener habe den Koran geschändet oder Mohammed beleidigt, worauf sich die Nachbarn und bisherigen Freunde wütend zusammenrotten. Oft arbeiten die Behörden mit den Tätern insgeheim zusammen, oder sie stehen – im besten Fall – untätig daneben, weil sie sich selbst vor dem Mob fürchten. Die machtlosen Christen sind diesen Verbrechen schutzlos ausgeliefert.

Wer erlaubte, dass Religion als Waffe benutzt werden darf? Und zum Aufstacheln und zum ungestraften Morden? Diese Fragen stellte Joseph Francis der UNO. Er arbeitete aus, wie die Ulema, die religiösen Schulen, Sitze in den Parlamenten, in den Gerichtshöfen und in Schlüsselstellen in der Regierung erhalten. Wie sie Macht über die Medien, die Polizei und die Bildungsstätten ausüben. Und wie die einflussreichen religiösen Gruppierungen, etwa die Koranschulen («Madrasa»), die Gesellschaft prägen und mit Sanktionen in Furcht versetzen.

So etwa durch Absatz 295-C in der pakistanischen Rechtsprechung, der auf Druck der Extremen aufgenommen wurde, da diese ihre Forderung so begründeten, dass bereits Mohammed mehrere Menschen tötete, die es wagten, den Islam zu beleidigen. Menschenrechtler sträubten sich schon damals dagegen, erklärte Francis, auch forderten sie, dass der Missbrauch verunmöglicht wird. Und Francis legte dar, wie General Pervez Musharraf 1999, als er an die Macht kam, das Gesetz ändern wollte, nach wenigen Tagen aber zurücksteckte, nachdem die religiöse Lobby einen landesweiten Protest angezettelt hatte. Zugunsten der «nationalen Sicherheit» blieb das diskriminierende Gesetz bestehen. Ein paar Fälle, die auch im Westen bekannt wurden, verliefen verhältnismäßig glimpflich. Andere verfolgte Menschen erlebten allerhand Schikanen, und manche, die wegen Blasphemie angeklagt wurden, starben im Gefängnis.

Der Staat schützt seine Minderheiten nicht. Schon ist die Rede von einem Schneeballeffekt. Tatsächlich zeigten sich die Mächtigen Pakistans gerade auch im Jahr 2010 nicht gewillt, die Minderheiten zu schützen. Die Angriffe häuften sich dementsprechend in einem entsetzlichen Umfang und luden die Atmosphäre gefährlich auf.

Dass es auch anders gehen kann, zeigte sich in der Stadt Chak. Am 4. September 2009 entdeckten Wachleute, dass überall in der Stadt Buchseiten herumlagen, die aus dem Koran gerissen waren, insbesondere vor der Kirche und dem Haus des Pastors. Die Leiter der Moschee trafen sich mit den Kirchenführern, beide Seiten waren sich einig, dass es sich um eine Provokation handelte, um gegen die Christen Stimmung zu machen, und dass dies sicherlich nicht das Werk der christlichen Gemeinschaft gewesen war.

Insgesamt hat die permanente Unterdrückung seit der Staatsgründung eher zu- als abgenommen. In jeder Verfassung von 1947, 1956, 1962 und 1973 ist festgelegt, dass alle Gesetze mit der islamischen Religion übereinzustimmen haben. So erklärt etwa der zweite Artikel, dass der Islam die Staatsreligion ist. Was das für die Minderheiten bei Urteilsverkündigungen bedeutet, ist leicht abzuschätzen.

CLAAS fordert, diskriminierende Gesetze abzuschaffen, da sie dazu verwendet würden, gegen die Minderheiten vorzugehen und ihre Versammlungsplätze zu zerstören. Auch sollen jene freigelassen werden, die wegen ihres Glaubens eingekerkert sind. Wer der Blasphemie angeklagt ist, soll den Flüchtlingsstatus erhalten, und Richter und Anwälte sollen von den Extremen nicht mehr unter Druck gesetzt werden können. Schutz durch Polizei vor Gewalt soll gewährleistet sein und das Verwenden von Moschee-Lautsprechern zur Hetze verboten werden. Erzwungene Glaubensübertritte zum Islam sollen nicht mehr anerkannt werden. Die fanatischen Gruppen müssten entwaffnet werden.

Weiter fordern Joseph Francis und sein Team, dass der Qanoon-e-Shahadat (das Gesetz der Zeugen) angepasst wird und Menschen aus religiösen Minderheiten dasselbe Gewicht erhalten wie muslimische Zeugen. Und dass die Frauen den gleichen Status haben wie ein Mann und nicht als tiefer stehend gewertet werden. Und auch, dass für Angriffe auf Anbetungsplätze und Schulen von Christen die gleichen Reparationszahlungen erfolgen sollen, wie wenn eine Moschee angegriffen würde.

Zudem soll die pakistanische Regierung in einer Medienkampagne das Bewusstsein fördern, dass es *verschiedene* Religionen gibt, die sich in einer Zivilisation gegenseitig wertschätzen müssen. Statt radikaler Bildung wäre es besser, religiöse Toleranz zu lehren. Überhaupt müssten die Menschenrechtsbestimmungen der UNO-Charta eingehalten werden, denn immerhin ist Pakistan seit dem 30. September 1947 Mitglied der Vereinten Nationen.

Außerdem sollen alle diskriminierenden Ergänzungen im Gesetz abgeschafft werden; Handhabe wäre da eine UNO-Deklaration, die die Vollversammlung beschlossen hatte[22] und die auch für Pakistan keine Ausnahmebewilligung zwecks Diskriminierung vorsieht.

Unmissverständlich hält etwa Artikel zwei unter anderem fest: «Niemand soll durch einen Staat, eine Institution, eine Gruppe oder einzelne Personen wegen seiner Religion oder aufgrund eines anderen Glaubens diskriminiert werden.»

Deutliche Worte sind auch im vierten Artikel zu finden: Jeder Staat habe wirksame Maßnahmen zu ergreifen, um Diskriminierung zu unterbinden und auszumerzen. Dies mit

[22] www.un-documents.net/a36r55.htm

dem Verständnis, dass Religion und Glaube Menschenrechte sind, eine fundamentale Freiheit auf allen Ebenen der Gesellschaft. Jeder Staat habe alles Nötige zu tun, um solche Diskriminierungen zu unterbinden und die Intoleranz mit allen Mitteln zu bekämpfen.

So weit – in gekürzter Form – die wohlklingenden Worte der UNO, einer Organisation, deren viele Papiere eine epochale Geduld kennen. Erinnert sei etwa daran, dass die Vereinten Nationen gegründet wurden, damit «nie wieder» ein Völkermord, ein Genozid, geschieht. Die Realität in Ruanda, im Südsudan, in Darfur war anders. Und selbst zuletzt in Darfur tat die UNO alles, um das «G-Wort» zu vermeiden («es ist kein Genozid, aber ganz nahe daran»[23]). Damit verhinderte die Weltgemeinschaft, dass sie einschreiten musste, wozu sie bei einem Völkermord eigentlich verpflichtet wäre.

Ob also die UNO wirklich Wert darauf legt, dass diese schönen Worte umgesetzt werden, ist aufgrund der Geschichte ebenso zu bezweifeln wie aufgrund der Tatsache, dass solche Paragraphen nicht nur von den (neben Pakistan) weiteren 56 Staaten der OIC in der Realität links liegengelassen werden, sondern auch von Dutzenden nichtmuslimischer Staaten in Afrika, Asien und Südamerika.

## Gotteskrieger und Separatisten im Land der Alpen

Nicht, dass das 1947 entstandene Pakistan offiziell als «Land der Alpen» bezeichnet würde – gemessen an seinem Gebirge hätte es dieses Prädikat aber verdient. Begonnen bei der über-

[23] Berner Zeitung/dpa, Bern, 2. Februar 2005

wältigenden Gasherbrum-Gruppe, deren Gipfel zwischen 6882 bis 8080 Meter hoch sind, dem schwindelerregenden Urdok-Kamm, der bis zu 7426 Meter in die Höhe ragt, dem wohlklingenden Sangemarmar-Sar (6990 m), dem Skilbrum (7410 m) oder den Trango-Türmen, die mit bis zu 6287 Metern nicht nur an den Wolken kratzen, sondern sogar auf diese herabblicken. Allen voran aber steht der zweithöchste Berg der Erde, der K2, der mit seinen 8611 Metern Höhe das Vordach der Welt bildet. Mit dem Himalaya, dem Hindukusch und dem Karakorum treffen die drei höchsten Gebirgszüge der Erde aufeinander. Pakistan – eine Alpenrepublik mit einer Wüste, deren Dünen bis zu 150 Meter hoch werden, und einem atemberaubenden Meeresanschluss.

Am Anfang bestand Pakistan aus den beiden Landesteilen West- und Ostpakistan. Es waren Abspaltungen der vorwiegend muslimischen Teile Britisch-Indiens. Allerdings lagen die beiden Landstücke 1500 Kilometer voneinander entfernt, getrennt durch Indien; eine gemeinsame Identität fehlte, zudem handelte es sich um völlig verschiedene Völker. Letztlich folgte 1971 ein Krieg, bei dem Indien den Osten unterstützte, der sich von Westpakistan löste und sich fortan Bangladesch nannte.

### *Der weltweit erste islamische Gottesstaat*

Bereits vor der Trennung von Bangladesch wurde Pakistan 1956 offiziell zur Islamischen Republik. Erstmals nannte sich ein Staat so, 23 Jahre bevor Ruhollah Khomeinis blutige Schreckensherrschaft im Jahr 1979 ihren Lauf nahm, und viele Jahre bevor sich Al-Kaida-nahe Banden an Somalias Spitze setzten.

Manche sagen, «Pakistan» stehe in Urdu sowie auf Persisch für «Land der Reinen». «Pak» steht laut dieser Darstellung für «rein im Geiste» und «stan» für «Land». Zu einem anderen Schluss kommt Choudhary Rahmat Ali, der als Schöpfer des Landesnamens Pakistan genannt wird und der einer der wichtigsten Verfechter eines islamischen Staats auf dem indischen Subkontinent war. Bereits im Jahr 1933 benannte er die angestrebte Nation unter dem Akronym «Pak(i)stan», das sich der Anfangsbuchstaben der Landesteile Punjab, Afghania (die heute umstrittene nordwestliche Grenzprovinz) sowie Kaschmir und Sindh bedient, zusammen mit dem Ende des Landesteils Belutschistan.

Wenn Muslime in der Minderheit sind, dann machen sie keine Probleme. Oft aber verstehen sie das Christentum nicht und hören auf die Botschaften in den Moscheen. Hier beginnt das Problem. Ebenso in den Dörfern, wo die Armen bei großen Farmern leben. So ein Farmer vergreift sich an den Mädchen, und die Familie traut sich nicht, vor Gericht zu gehen, weil das Gesetz sowieso gebeugt würde. Ungezählte Fälle werden also nie dokumentiert. Wenn jemand aufschreit, verliert er seine Arbeitsstelle und damit die Existenz. Oder im schlechteren Falle bekommt er einen Prozess an den Hals wegen Verunglimpfung. Oder wegen eines vorgeschobenen Diebstahls. Oder wegen Blasphemie. Also ist Schweigen die bittere, aber beste Lösung.

Selbst im Gefängnis sind Menschen, die (angeblich) Blasphemie begangen haben, nicht sicher. Sie werden in separaten Zellen eingesperrt, da sie sonst durch ihre Mitgefangenen gefährdet wären, manchmal auch durch die Polizei. Mehrere wurden hinter Gittern vergiftet.

Eine solche falsche Anklage hätte beispielsweise beinahe Imran Masih (19) das Leben gekostet. Muslimische Insassen eines Gefängnisses im Punjab haben am 29. Oktober 2009 einen wegen «Blasphemie» verurteilten Christen beinahe zu Tode gesteinigt. Er arbeitete in einem Friseurgeschäft in Hazro bei Attock, dessen Besitzer, Nadeem Haider, ihn im Juli 2009 beschuldigte, 5000 Rupien (etwa 44 Euro) gestohlen zu haben.

Haider und Polizei-Inspektor Jamal Khan fügten dem Vorwurf noch die Lästerung von Mohammed hinzu, und Richter Risalat Khawaja verurteilte Imran Masih zu zehn Jahren Gefängnis. Am 29. Oktober saß Masih nach den Freitagsgebeten vor seiner Baracke, als eine Gruppe von Häftlingen ihn mit großen Steinen von den Gefängnisfeldern zu bewerfen begann. Die Meute brüllte, er sei ein Lästerer und müsse getötet werden.

Im vergangenen Monat äußerte Haider gegenüber Masihs Vater, er würde dafür sorgen, dass sein Sohn das Gefängnis nicht lebend verlasse. Der Vater hat deshalb den Verdacht, dass Haider und Khan die Steinigung arrangiert haben.[24]

Auch rächen sich Mitglieder der muslimischen Gesellschaft Pakistans an ihren christlichen Mitbürgern, wenn irgendwo auf der Welt «Vergehen» gegen den Islam geschehen oder wenn Israel etwas tut, das im islamischen Gottesstaat negativ bewertet wird. Ein rasender Mob verwüstet die oft karge Habe von Unschuldigen, wenn etwa in Dänemark missliebige Karikaturen veröffentlicht werden oder ein Pastor in den Ver-

[24] Compass Direct News, Santa Ana, 25. November 2010

einigten Staaten nur schon davon spricht, dass er einen Koran verbrennen will.

«Wenn in den USA etwas geschieht, sterben hier Menschen», sagt Younis Rahi, einer der Vorsitzenden von CLAAS: «Wir besuchten Gojra kurz nach den Attentaten.[25] Dort sagte ich zum Minister für Minderheiten, der sich an Ort und Stelle ebenfalls ein Bild von der Lage machte: ‹Ihr akzeptiert uns nicht als Pakistanis! Wenn im Ausland etwas gegen den Islam geschieht, ermordet ihr uns. Aber wir sind Pakistanis, nicht Amerikaner oder Juden. Wenn ihr uns akzeptieren würdet, würdet ihr uns nicht töten. Aber seit 1947 wird in der Schule gelehrt, wir seien Kuffar[26].›»

Rahi kritisiert aber auch die christliche Seite: «Es gibt etliche christliche Schulen. Doch die Christen sind arm und können nicht bezahlen. Also bleiben sie außen vor, obwohl sie in der regulären Schule unter Druck sind. Und so werden die Plätze oft an reiche Muslime vergeben, in den meisten Klassen der christlichen Schulen sitzen nur vier bis fünf Christen.» Das gebeutelte Christentum müsse unterstützt und nicht ausgehöhlt werden.

Auch manche NGOs (Nichtregierungsorganisationen) würden kontraproduktiv arbeiten. Younis Rahi verweist auf Manzoor Masih, den CLAAS vertrat und mit privaten Fahrzeugen vor Gericht abholte. Eine lebensgefährliche Arbeit. Masih starb schließlich bei einem Attentat in Polizeigewahrsam. Bereits vorher sei der Fall auch im Westen be-

---

[25] In Gojra zündete ein fanatischer Mob mehrere Häuser christlicher Besitzer an, acht Menschen starben.

[26] «Ungläubige», so wird jeder bezeichnet, der nicht dem Islam angehört.

kannt geworden. Plötzlich hätten sich allerhand NGOs um Masih gerissen und den Fall «für sich haben» wollen. Die Geschichte sei den jeweiligen Geldgebern, dem Spendenkreis der Gruppierungen, vorgetragen worden. «Es ging ihnen nicht um die Christen, nicht um die Menschenrechte, sondern ums Geschäft.»

«Die meisten normalen Muslime haben keine Zeit, um in die Moschee zu gehen», bilanziert Younis Rahi. «Die Mittelklasse und die Armen gehen ihrer Arbeit nach, sie wollen überleben und Geld verdienen, um Brot zu kaufen. Sie haben andere Sorgen als die Religion, etwa wie sie die nächste Stromrechnung bezahlen können. Leute aus den Büros oder der Regierung besuchen die Moschee, um die Zeit totzuschlagen und den anderen zu zeigen, wie nahe sie Allah sind. Auch die Fanatiker finden Zeit, die Moschee aufzusuchen. Die Hochqualifizierten dagegen zeigen sich offen, sie sagen: ‹Du bist Christ? Kein Problem.› Die Koranleser sind die Gefährlichen, davon gibt es viele. Und wenn die Sache des Islams in Gefahr scheint, sind siebzig Prozent bereit, sich zusammenzurotten, sobald der Imam über die Lautsprecher der Moschee dazu aufruft.»

«Wir gründeten CLAAS, weil niemand unsere Problemfälle haben wollte. Wir waren damals schon Menschenrechtler und hätten auch andere Projekte gründen können, aber wir entschieden uns für diese Arbeit, um juristisch für die Unterdrückten einzustehen und auf diese Weise zu helfen. Wir helfen auch Muslimen, wenn sie zu uns kommen. Nach dem ersten Fall wurden wir verfolgt, und aus Sicherheitsgründen mussten wir für einen Monat schließen. Joseph war in dieser Zeit in Deutschland. Langsam, langsam begannen wir dann wieder zu arbeiten. Inzwischen sind wir bekannt, mein Bild war damals im Fernsehen.»

In Europa wird die Schweiz gerühmt, weil sie sich mit vier Landessprachen dennoch aufraffen konnte, eine gelebte Demokratie aufzubauen. Wesentlich mehr Völker und Gruppierungen leben dagegen in Pakistan, wobei das mit der Demokratie – diplomatisch ausgedrückt – doch etwas hapert. Mehr als drei Viertel der Einwohner zählen sich zu den indoarischen Völkern, und mit über vierzig Prozent stellen die Punjabis den größten Anteil an Einwohnern. Viele von ihnen leben im Nordosten Pakistans in der bevölkerungsreichsten Provinz, im Punjab (Hauptstadt Lahore). Die Sindhis mit rund vierzehn Prozent leben mehrheitlich im Süden des Landes, im Sindh, der zweiteinwohnerreichsten der vier Provinzen Pakistans; deren Provinzhauptstadt Karatschi liegt am Meer.

Aus dem zentralen und dem südlichen Teil des Ostens stammen die etwa vierzehn Millionen Saraikis. Das Volk spricht eine gleichnamige Sprache und stellt ungefähr einen von zehn Pakistanis. Über das ganze Land verteilt findet man die Muhajiris, Nachfahren nordindischer Muslime, die damals bei Pakistans Abspaltung von Britisch-Indien in den neuen islamischen Staat flohen.

Im Nordwesten des Landes leben etwa zwanzig Prozent iranische Völker. Mit einer Größe von fünfzehn Prozent machen die Paschtunen die zweitgrößte Volksgruppe aus. Sie leben im Norden Belutschistans sowie an der Grenze zu Afghanistan. 27 Millionen dieses ostiranischen Volks leben in Pakistan, zwölf Millionen in Afghanistan sowie etliche im Iran und in Indien.

Insgesamt werden in Pakistan mehr als fünfzig Sprachen gesprochen, die Vertreter der verschiedenen Sprachen leben meist sogar in der gleichen Gegend. Landessprachen sind

Urdu und Englisch, wobei die Förderung des Urdu in anderen Sprachregionen auf Widerstand stößt.

Seit das Land unabhängig geworden ist, durchziehen brutale Konflikte zwischen den Völkern die noch junge Geschichte.

Gelüste nach einem eigenen Staat hegt im Westen auch die belutschische Befreiungsarmee «Balochistan Liberation Army» (BLA), die lieber heute als morgen einen Staat Belutschistan sehen würde. Der BLA wurde vorgeworfen, einen Genozid an Punjabis zu begehen, da mehrere hundert umgebracht worden waren.

Im Sindh, besonders in Karatschi, der größten Stadt der Provinz, und in Hyderabad, stoßen die Sindhis als «Ureinwohner» immer wieder blutig mit den zugewanderten Muhajiris zusammen. Diese besser gebildeten Einwanderer aus Nordindien machen bereits ein Fünftel der Bevölkerung im Sindh aus. Die Sindhis sehen sich ins Abseits gedrängt, sie zählen noch etwa sechzig Prozent in «ihrer» Provinz, und im boomenden Karatschi sind sie auf unter zehn Prozent geschrumpft, auch weil Punjabis und Paschtunen sich vermehrt im Sindh niederlassen. Aber auch Paschtunen und Muhajiris reiben sich immer wieder in bewaffneten Zusammenstößen aneinander.

Separatisten fordern einen eigenständigen Staat Sindhudesch («Land der Sindhis»). Ein Ansinnen, das gerade 1972 sehr stark war, als sich Bangladesch von Pakistan trennte.

Die Provinz Khyber Pakhtunkhwa, die bis April 2010 Nordwestliche Grenzprovinz hieß und deren Hauptstadt Peschawar ist, hätten manche Paschtunen gerne als eine eigene Nation gesehen, als einen Staat unter der Scharia, denn die Bewegung ist in erster Linie religiös motiviert. Während viele Paschtunen sich Pakistan gegenüber loyal verhalten, lehnen ethnische Nationalisten die Bezeichnungen «Afghane» oder «Pakistani» ab.

Abwanderungslüstern zeigt sich insbesondere auch Waziristan. Dieser Landesteil, eine Bergregion im Westen und Südwesten der Stadt Peschawar, ist ungefähr viermal kleiner als die Schweiz. Wegen der Differenzen mit Afghanistan bestehen keine offiziellen Grenzen zwischen den beiden Ländern.

Als die Taliban 2001 aus Kabul flüchteten, zogen sie sich nach Waziristan zurück, wo sie zweieinhalb Jahre in Ruhe leben konnten, unbehelligt von den Mächtigen in Islamabad. Erst dann versuchte die pakistanische Regierung die «Talibanisierung» der Gegend verschiedentlich zu unterbinden. Aber die Regierungstruppen kämpfen nun seit 2004 vergeblich gegen die grimmigen Gotteskrieger, die im Übrigen in den 1990er-Jahren noch von General Pervez Musharraf finanziell und materiell unterstützt worden waren, um in Afghanistan an die Macht zu kommen.

Islamische Gruppen üben einen wachsenden Einfluss aus, der sich der Kontrolle Islamabads entzogen hat. In den Stammesstrukturen Westpakistans, gerade auch in Waziristan, ist das staatliche Gewaltmonopol eher Nebengeräusch als tonangebend.

Das «Islamische Emirat Afghanistan» knechtete die Zivilbevölkerung von 1997 bis 2001, ehe das frauenfeindliche Regime von US-Truppen gestürzt wurde. Dies wiederum übte Druck auf Musharraf aus, weil er nach den «9/11»-Terroranschlägen in den USA eine enge Allianz mit Amerika einging. Das war für viele ziemlich übertrieben. Pakistan gehört ja doch zu den dominanten Ländern in der islamischen Welt, da war die enge Zusammenarbeit mit Washington vielen dann doch zu prowestlich.

Ebenfalls umstritten ist Kaschmir, um das sich auch Indien und China bemühen, das einst aber auch für ganz kurze Zeit eigenständig war.

Bei der Gründung Pakistans – mit dem Ziel, Heimat aller Muslime Indiens zu werden – wurden willkürlich Völker unter ein Dach gebracht, die außer der Religion wenig gemein haben. Spätestens nach dem Wegbrechen Bangladeschs ist der «Traum» zerschlagen, da Pakistan lediglich noch etwa ein Drittel der 460 Millionen Muslime dieser Region beheimatet.

In mehreren Landesteilen kann sich Islamabad kaum durchsetzen, reiche Landbesitzer und Stammesfürsten haben das Sagen; selbst im Punjab und Sindh ist der Staat nicht überall das Maß aller Dinge.

Erschwerend kommt hinzu, dass laut «Transparency International» Pakistan zu den korrupteren Ländern dieser Welt gehört.

## Pakistan – Sandstürme, Duftschwaden, Hoffnung

In die Stadtviertel hinein führen oft unbefestigte Straßen. Hier dominieren unverputzte, rote Backsteinhäuser, da und dort protzen auch für westliche Verhältnisse prunkvolle Bauten, geschwungen, schön verputzt. Die Häuser haben Flachdächer, die man von innen über das Treppenhaus erreicht.

Auf einer Kreuzung steht ein Mann vor seinem Karren und versucht mit aller Kraft, einen Esel zurück in die Reihe zu bugsieren, während links und rechts Rikschas und Motorräder an den beiden vorbeirasen. Zwei Herren der Rennleitung (Polizei) sehen keinen Handlungsbedarf und plaudern gemütlich am Straßenrand. Ihr Thema ist womöglich das nächtliche Gewitter, das etwa um vier Uhr niedergegangen war und aus langanhaltendem Donnern, wenig Blitzen und kaum Regen bestanden hatte und alsbald von gutgelauntem Gezwitscher von Vögeln und dem Krächzen von Krähen abgelöst wurde. In der Innenstadt war mehr Regen gefallen, und der war auch bitter nötig. Es war der erste Guss des Sommers, der mit 45 Grad am Tag und rund 30 Grad in der Nacht die Einwohner bedrückt. Die Palmen und die Vielzahl der Laubbäume lechzen nach jedem Tropfen Wasser. Manchmal wirbelt der Wind den Staub der Straße auf, schränkt die Sicht ein und sortiert die herrenlosen Plastiktüten und herumfliegenden Zeitungsseiten neu. Die Verkehrsschilder sind durchgehend in Urdu und Englisch beschriftet.

Für die abgenutzten Reifen seines Traktoranhängers wäre der Besitzer in der Schweiz oder in Deutschland wohl umgehend verhaftet worden. Während man in Europa höchstens zu zweit auf einem Motorrad sitzt, zeigt man sich hier in Pakistan viel ökonomischer. Vier Personen auf einem Zweirad sind keine Seltenheit, und eine dreirädrige Rikscha kann neben dem Fahrer ohne weiteres sechs Passagiere kreuz und quer durch den hoffnungslos überfüllten Schlund der Stadt befördern. Landflucht und eine hohe Geburtenrate katapultieren die Populationszahlen in schwindelerregende Höhen. Pakistan hat die sechsthöchste Bevölkerungszahl der Welt. Wären Pakistan und Bangladesch bei Indien geblieben, hätte diese Nation China, «das Reich der Mitte», längst überholt.

Weiter in der Innenstadt wirken manche Häuser moderner, insbesondere im Villenviertel, vor dem Check-Points errichtet wurden. Polizei und Militär beobachten den Verkehr mit misstrauischen Augen – oder tun jedenfalls so. Sollte jemand sich genötigt fühlen, die «Schikane» zu durchbrechen, wartet ein verborgener Schütze, dessen Patronengurt, mit dicken Kugeln versehen, bereits im Schnellfeuergewehr steckt. Soldaten und Polizisten tragen ihre Gewehre vorgehängt in bequemer Patrouillenstellung, also den Lauf nach unten gerichtet.

Hie und da werden Wolkenkratzer in die Höhe gezogen. Ab und zu ist eine Rasenfläche zu sehen, die ebenso selbstverständlich wirkt wie steppenähnliche Flecken zwischen Häusern. Ein knatternder, völlig verbeulter Traktor karrt einen bulligen Wassertank hinter sich her und liefert das Nass, mit dem zwei Angestellte der Stadt das Grün entlang der Straße großzügig bewässern.

Zwei weltweit bekannte Hamburger-Brater aus jenem «Indien», das Christoph Kolumbus einst entdeckte, stehen sich in konkurrierender Manier gegenüber, auf dem Gehsteig werden kunterbunte Gemüsesorten und Früchte verkauft.

Gerade in den Vororten reiht sich teils Haus an Haus, dazwischen gähnen auch mal leere Flächen, die bald bebaut werden. Davon zeugen die allgegenwärtigen roten Backsteine, die am Straßenrand bei Händlern aufgetürmt stehen oder mal auf einem Lastwagen oder Traktoranhänger umhergekarrt werden oder vor einem Haus oder einem leeren Grundstück aufgehäuft sind. Bei Letzteren teilen sie sich den Platz mit der staubigen Erde, etwas Gras und unterschiedlichen Mengen von Unrat.

Ziegen knabbern an ein paar kargen Pflanzen, magere Katzen, die für ihr Futter selbst verantwortlich zeichnen, lungern herum, und ein paar Hunde pflegen vornehmen Müßiggang. Vor einer Parzelle sind Bausteine aufgebaut. Auf der unbefestigten Seitenstraße wartet ein Sandring von etwa eineinhalb Metern Durchmesser mit einem kleinen See drin auf die Bauarbeiter, die bald irgendeine Masse für weitere Bauvorhaben mischen werden. Verkehrsteilnehmer weichen der Aufhäufung ohne Ärger aus. In den Vororten wird immer irgendwo irgendetwas gebaut. Denkmalschutz bei alten Gebäuden oder offizielle Baugesuche sind und bleiben Fremdworte, während Stromkabel sträflich tief hängen.

Sonnenblumen und Laubbäume aller Art säumen einen Kanal auf beiden Seiten. Die Straßen sind durch Mittelstreifen voneinander getrennt. Eine Rikscha fährt eine mathematisch unanfechtbare Acht im Rad spazieren, das rumholpert und als eigentlich nötiges drittes Rad am Wagen eine gewisse Autonomie zu genießen scheint und ein unrundes Eigenleben führt.

Ein drahtiger Esel mit offenem Mund hechelt, fast einem Hund gleich, vorbei, Rikschas mit vergilbten Planen hoppeln durch den Verkehr.

Irgendein Gefährt hat Kühlflüssigkeit oder Öl verloren, einem Fahrer rutscht das Motorrad unter dem Hintern weg. Dank langsamer Fahrt freilich kommt er mit wenigen blauen Flecken davon, er klopft sich etwas zerzaust ab. Motorradbekleidung und Helme sieht man so häufig wie Braunbären am Nordpol.

In üppiges Grün gekleidet locken Parkanlagen. Große Verkehrskreisel und Mittelstreifen zeigen sich geschmückt, etwa mit steinernen Adlern oder Pferden, einer auf Wasser rotierenden Kugel oder einer alten MiG-21, respektive ihrem chinesischen Nachbau Chengdu J-7.

Die Gesellschaft ist monokulturell, im alltäglichen Leben ist kaum jemand aus dem Westen, dem Fernen Osten, aus Südamerika oder Afrika auszumachen – ohne dass aber eine Fremdenfeindlichkeit zu spüren wäre.

Ein Sandsturm peitscht durch die Stadt, die Soldaten ziehen einen Mund- und Nasenschutz über, stapfen grimmig weiter und trotzen dem Ungemach. Die Zeiten sind schwer in einem der bevölkerungsreichsten Staaten der Erde; einem Land von atemberaubender Schönheit und voller liebenswerter Menschen. Einem Flecken Erde aber auch, der mitunter einen hohen Blutzoll fordert und der zuletzt von grimmigen Kriegern Allahs in einen sich immer schneller drehenden Strudel der Gewalt gerissen wurde.

Es ist kühl in der Bäckerei, aber nicht kalt. Duftschwaden frischen Backwerks hängen in der Luft, süße Küchlein, bekömmliche Pita-Brote, allerhand Naschwerk und grellbunte Süßigkeiten werden von umtriebigen, aber nicht aufdringlichen Verkäufern feilgeboten. Auch einheimische Schokolade, die durchaus schmeckt. Draußen ist es wärmer, auch jetzt in der Dämmerung. Da und dort brennt ein Feuerchen, hunderte, tausende Menschen tummeln sich an der Straße, halten ein Nickerchen auf dem Grün oder spielen Kricket.

Schokoladenseiten bietet das alltägliche Leben wenige. Aber es gibt Menschen, die sich die Hoffnung nicht haben rauben lassen, auch wenn sich ihr eigenes Land ihnen gegenüber wenig freundlich zeigt.

# Nachwort

Es ist spät geworden. Der Menschenrechtler Joseph Francis hat viele Besucher empfangen: Anwälte, Reporter, Geistliche, Freunde. Es wurde beraten, debattiert und getafelt, alles unter dem Eindruck einer starken Betroffenheit. Wegen eines laufenden Verfahrens muss Joseph jetzt sogar einige Tage untertauchen. Trotz mehrerer Anschläge, die auf ihn verübt wurden, und trotz gesundheitlicher Probleme ist er ein unermüdlicher Diener der Ausgegrenzten und Verstoßenen, die sich keine Rechtshilfe leisten können. Deshalb ist CLAAS auch auf Spenden angewiesen.

Längst ist die Nacht über der Stadt hereingebrochen, und wir fahren auf einer mehrspurigen Straße in Richtung eines Außenbezirks.

«Wie geht es dir?», fragt Joseph, der den Wagen durch den pulsierenden Verkehr manövriert, mich ganz unvermittelt. Mich erstaunt die Frage, denn ich bin sicherlich der Letzte, der an diesem Tag irgendetwas zu beklagen hat.

«Mir geht es gut. Aber was ist mit dir?», frage ich zurück.

«Oh, mach dir um mich keine Sorgen! Mein Leben ist in den Händen von Jesus.» Es sind Worte, aus denen tiefes Vertrauen zu spüren ist, ein Getragensein, eigentlich eine ganze Lebensgeschichte.

In den Wirren der aktuellen Geschehnisse im Land ist solches Vertrauen ein tragender Fels. Täglich trifft sich das Team zu einer Andacht, zum Gesang und zum Gebet. Die Lieder werden mit Inbrunst in der wohlklingenden Urdu-Sprache gesungen. Ich summe die Melodie leise mit.

Immer wieder ist Joseph außerhalb des Landes unterwegs, um als Anwalt der Armen auf deren Leid aufmerksam zu machen. Sei es beim Gebetsfrühstück, zu dem er vom US-Präsidenten jeweils ins Weiße Haus nach Washington D. C. eingeladen wird. Sei es auf Besuchen bei Menschenrechtlern und Hilfswerken in den Niederlanden, in Deutschland oder in der Schweiz, wo er im letzten Herbst in Bern auf dem Bundesplatz gesprochen hat. Sei es auf einer Kundgebung für verfolgte Christen, die die «Arbeitsgruppe Religionsfreiheit» (AGR) der «Schweizerischen Evangelischen Allianz» (SEA) organisiert hatte.

Joseph Francis kündigte dort an – aufgrund der Vielzahl von Fällen, bei denen das Blasphemiegesetz für eigene Zwecke missbraucht wurde; Fälle, deren Akten er akribisch sammelt –, er wolle diese Paragraphen mit juristischen Mitteln aus der Welt schaffen. Ein mutiges Vorhaben. Ein Vorhaben, das den höchsten Preis kosten kann, den ein Mensch bezahlen könnte. Doch Joseph folgt dem Schrei nach Freiheit ganzer Generationen von Unterdrückten.

Seine Worte hallen in mir nach: «Mach dir um mich keine Sorgen! Mein Leben ist in den Händen von Jesus.»

# Pakistan – eine Chronologie

Diese kurze, bei weitem nicht vollständige «Blasphemie»- und Terror-Chronologie gibt wieder, unter welchem Druck, unter welch täglicher Angst die Minderheiten des Vielvölkerstaats Pakistan leiden. Des Weiteren sind einige wesentliche Eckdaten der Nation vermerkt.

Zu bemerken ist, dass viele Christen den Nachnamen «Masih» tragen. Es ist nicht ihr Geburtsname, sondern eine landestypische Tradition, dass Christen sich mit diesem Zusatznamen vorstellen und dieser im persönlichen Umgang verwendet wird.

## 2011

*Selbstmordattentat zur Ermordung Asia Bibis geplant; 7. Januar 2011*

Der pakistanische Geheimdienst gab bekannt, dass die extremistische islamische Gruppe «Moaviya» ein Selbstmordattentat plane, um Asia Bibi zu ermorden. Die Mutter von fünf Kindern ist schon seit Juni 2009 inhaftiert, weil sie angeblich den Propheten Mohammed beleidigt habe.[27]

[27] AsiaNews.it, 7. Januar 2011

*Salman Taseer, muslimischer Gouverneur von Punjab, wurde von seinem eigenen Leibwächter erschossen; 4. Januar 2011*

Nach dem Grund für seine Bluttat gefragt, hat der Täter Malik Mumtaz Qadri die Kritik Salman Taseers am Blasphemie-Gesetz angegeben, für dessen Abschaffung sich der Gouverneur stark gemacht hatte. Damit war er zur Zielscheibe islamistischer Fundamentalisten geworden.

Vor allem dann, als er sich für die 45-jährige Christin Asia Bibi einsetzte, die im November des Vorjahres in ihrer Heimatstadt Sheikhupura im Punjab wegen «Blasphemie» zum Tode verurteilt worden war. Der 66-Jährige hatte sogar eine Petition an den pakistanischen Präsidenten Asif Ali Zardari eingeleitet, um Asia Bibi zu helfen. Daraufhin warfen ihm konservative Muslime Abtrünnigkeit vom Islam vor.[28]

## 2010

*Taliban und andere Sunniten drohen gegen Begnadigung; 30. November 2010*

Sollte Asif Ali Zardari die wegen Beleidigung des Propheten Mohammed zum Tode verurteilte Christin Asia Bibi begnadigen, werde es zu Massenprotesten in ganz Pakistan kommen. Davor warnten religiöse Radikale den pakistanischen Staatspräsidenten. Dies zeigt deutlich, welch schwieriges Verhältnis zwischen Staat und Islam herrscht. Keiner will sich dem

[28] DiePresse.com, Wien, 5. Januar 2011

Verdacht aussetzen, zu milde mit den «Feinden des Islams» umzugehen.[29]

*20 Tote bei Anschlag auf Polizeigebäude; 11. November 2010*

Bei einem Anschlag auf ein Polizeigebäude in Karatschi sind mindestens 20 Personen getötet und rund 100 weitere verletzt worden; die Taliban bekannten sich zur Tat.[30]

*Angriffe auf zwei Moscheen, 70 Tote; 5. November 2010*

Ein jugendlicher Selbstmordattentäter riss während des Freitagsgebets in einer Moschee in Darra Adam Khel mindestens 67 Menschen mit in den Tod. Wenige Stunden später warfen Attentäter Handgranaten in eine Moschee in einem Vorort der Provinzhauptstadt Peschawar und töteten mindestens drei Menschen.[31]

*Christen fliehen nach Drohungen; 18. Oktober 2010*

«Die Besitzer der Kartonfabrik und andere Moslems des Ortes erhoben bei der Polizei eine Blasphemie-Klage gegen Nasir und Hanif Masih. Sie hätten sich am ‹Heiligen Koran› vergangen. Der Imam einer nahen Moschee versammelte sich mit etwa fünfzig Anhängern vor der Rahwali-Kolonie, der Heimat der beiden Masihs. In diesem Quartier leben rund dreißig christliche Familien.

---

29 AsiaNews, 29. November 2010
30 NZZOnline, Zürich, 11. November 2010
31 tagesschau.de, Hamburg, 5. November 2010

Der Mob stieß Drohungen aus, und der Vorbeter forderte die Menschen zum Angriff auf. Die von den Christen verständigte Polizei vertrieb die Meute. Am frühen Morgen des folgenden Tages flohen aber die meisten Familien, um sich und ihre Töchter in Sicherheit zu bringen.

Einem christlichen Pastor gelang es, zwischen den Parteien zu vermitteln. Die Bürgerrechtsorganisation CLAAS und einflussreiche Persönlichkeiten vor Ort halfen ihm dabei.»[32]

### *Verhöhnt und schwer misshandelt; 3. Oktober 2010*

Gemäß Scharia haben Christen «weniger Rechte und werden nicht selten wie Sklaven behandelt. So erging es Anfang Oktober 2010 dem Christen Fayas Masih (25). Ein Landbesitzer bei Sargodha im Punjab misshandelte ihn, weil er nicht gratis für ihn arbeiten wollte. Zum Vorwand bezichtigte er ihn, mit seiner Nichte geschlafen zu haben. Der Landbesitzer ist bekannt dafür, dass er Christen zu Fronarbeiten heranzieht.

Fayas wurde mit Brandwunden an seinem Körper ins Gefängnis gebracht. Er und seine Familie hatten keine Schulden bei dem Landbesitzer. Dennoch erschien dieser mit elf Helfern bei Fayas und zwang ihn mit Waffengewalt, auf seine Farm mitzukommen.

Als Fayas sich weigerte zu arbeiten, wurde er am ganzen Kopf rasiert und auf einem Esel gefesselt durchs Dorf geführt. Einem Bericht zufolge rief der Landbesitzer die Bewohner auf, ihn mit ihren Schuhen zu schlagen, und verleumdete ihn. Einige bewarfen ihn mit Kerosin und setzten seine Kleider in Brand.

---

[32] Peter Schmid, Livenet.ch, Interlaken, 2. November 2010

Fayas fiel ohnmächtig vom Esel. Die Polizei erschien drei Stunden später am Ort des Geschehens und schalt die Dörfler. Doch statt der Angreifer wurde Fayas in Haft genommen. Und drei Wochen später saß er wegen dieser Anklage des unerlaubten Beischlafs immer noch hinter Gittern.»[33]

*Mob macht Hetzjagd auf Christen; 23. September 2010*

In Mohalla im Punjab schossen Muslime auf Christen und verprügelten sie. Unter den Opfern war Traiq Gill, der vor Jahresfrist von einer Blasphemie-Anklage freigesprochen worden war. Ihm, seinen Eltern und anderen Christen galt der Angriff. Nach dem 8. September wurden mehr als zehn Attacken gestartet. Manche Christen waren so schwer verletzt, dass der Mob sie liegenließ, in der Annahme, sie seien tot.[34]

*Anschläge auf zwei Kirchen; 12. und 18. September 2010*

Ein ferngesteuerter Sprengsatz detonierte am 12. September in der lutherischen Sarhadi-Gemeinde in Mardan (Nordpakistan). Zwei Personen wurden verletzt. Am 18. September wurde die Nasri-Pfingstgemeinde in Karatschi (Südpakistan) teilweise verwüstet, neun Bibeln, drei Gesangbücher und drei Holzkreuze wurden verbrannt. Es dürfte sich um Racheakte gehandelt haben, weil US-Pastor Terry Jones angekündigt hatte, er wolle in den USA den Koran verbrennen.[35]

---

[33] Peter Schmid, Livenet.ch, Interlaken, 2. November 2010

[34] Compass Direct News, zitiert von HMK Schweiz, Thun, November 2010

[35] HMK Deutschland, Uhldingen-Mühlhofen, November 2010

*17 Tote bei Anschlag auf Polizeigebäude; 6. September 2010*

Bei einem Selbstmordanschlag in der Stadt Lakki Marwat, im Nordwesten Pakistans, starben mindestens siebzehn Menschen. Der Attentäter raste mit seinem Fahrzeug in eine Polizeiwache. Davor habe er einen Schulbus gerammt und dabei auch Kinder getötet. Mehr als dreißig Personen wurden verletzt.[36]

*64 Tote bei Anschlag in Quetta; 3. September 2010*

Bei einem Anschlag in Quetta im Südwesten Pakistans wurden mindestens 64 Menschen getötet und 150 verletzt. Der Täter sprengte sich mitten in der Menge in die Luft; tausende Schiiten hatten sich versammelt, um anlässlich des sogenannten Al-Quds-Tages gegen Israel zu protestieren. Zu der Bluttat bekannten sich die Taliban. Neben den USA und der pakistanischen Regierung seien auch die Schiiten Ziel der Terrorgruppe, so ein Sprecher der islamischen Extremisten laut der Nachrichtenagentur AP.[37]

*Anschlag mitten in Prozession; 1. September 2010*

Drei Selbstmordattentäter sprengten sich inmitten einer Prozession schiitischer Gläubiger in Lahore in die Luft. 38 Menschen starben.[38]

---

[36] NZZOnline, Zürich, 6. September 2010
[37] derStandard.at, Wien, 3. September 2010
[38] stern.de, Hamburg, 1. September 2010

*36 Tote bei Anschlägen; 23. August 2010*

Bei drei verschiedenen Bombenanschlägen starben mindestens 36 Menschen. Unter den Opfern war auch der frühere Abgeordnete und muslimische Geistliche Maulna Noor Mohammad. Ein Selbstmordattentäter zündete seinen Sprengstoffgürtel in dem Moment, als Mohammad eine Moschee in Wana im Stammesgebiet Süd-Waziristan verließ. Dabei starben mindestens 26 Menschen, sieben weitere bei einem Anschlag in Kurram und drei in der Nähe von Peschawar.[39]

*Tote nach Mord an Politiker; 3. August 2010*

Nach dem Mord an dem Abgeordneten Raza Haider ist Karatschi von blutigen Unruhen erschüttert worden. Mindestens 45 Menschen starben, über 90 wurden verletzt, wie die Behörden mitteilten. Die Regierung machte die Taliban sowie die verbotene Gruppe Sipah-e-Sahaba Pakistan (SSP) verantwortlich.[40]

*Angriff auf Konvoi; 17. Juli 2010*

Bei einem Angriff auf einen Konvoi durch «Aufständische» sterben sechzehn schiitische Muslime auf dem Weg nach Peschawar.[41]

---

[39] Kleine Zeitung online, Graz, 23. August 2010
[40] swissinfo.ch, Bern, 3. August 2010
[41] NZZOnline, Zürich, 17. Juli 2010

*64 Tote bei Selbstmordanschlag; 9. Juli 2010*

Bei einem Bombenanschlag in Islamabad sterben 64 Menschen, mehr als hundert werden verletzt.[42]

*Blutbad in pakistanischem Heiligtum; 2. Juli 2010*

Zwei Attentäter drangen zur Hauptbesuchszeit in einen Sufi-Schrein in Lahore ein. Sie sprengten sich in die Luft und rissen mehr als vierzig Menschen in den Tod.[43]

*250 Christen aus Dorf vertrieben; Juni 2010*

Aus dem vorwiegend islamischen Dorf Katacha Khoh wurden Anfang Juni rund 250 christliche Familien vertrieben. Die meisten der Männer arbeiteten für muslimische Großgrundbesitzer auf Feldern, die Frauen und Töchter als Hausangestellte. Oft wurden diese sexuell unter Druck gesetzt und missbraucht. Als dies ausartete, beschwerten sich vier Christen, worauf die Dorfältesten mit einer Ausweisung reagierten. Zur Polizei zu gehen getrauen sich viele Christen nicht, in der berechtigten Angst, die Täter würden die Opfer mit einer Blasphemie-Klage mundtot machen.[44]

---

[42] tagesschau.de, Hamburg, 9. Juli 2010

[43] SPIEGEL ONLINE, Hamburg, 2. Juli 2010

[44] AsiaNews/kath.net/ideaSpektrum, Juni 2010

*Mehrere Tote bei Taliban-Befreiung aus Hospital; 1. Juni 2010*

Taliban-Kämpfer versuchten Komplizen des Attentates auf zwei Ahmadiyya-Moscheen zu befreien. Sie waren verwundet und wurden im Jinnah-Krankenhaus in Lahore gepflegt.[45]

*95 Menschen sterben bei Anschlag auf zwei Moscheen; 28. Mai 2010*

Bei einem Angriff der Taliban auf zwei Moscheen der Ahmadiyya-Minderheit in Lahore sterben 95 Menschen.[46]

*23 Tote bei Anschlag auf Markt; 19. April 2010*

Bei zwei Bombenanschlägen in der pakistanischen Stadt Peschawar sind 23 Personen ums Leben gekommen. Die meisten, als sich auf einem Marktplatz ein Selbstmordattentäter in die Luft sprengte.[47]

*41 Tote bei Anschlag auf Flüchtlingslager; 17. April 2010*

41 Menschen sterben bei einem Anschlag auf ein Flüchtlingslager in Islamabad.[48]

---

[45] SPIEGEL ONLINE, Hamburg, 1. Juni 2010
[46] sueddeutsche.de, München, 28. Mai 2010
[47] NZZOnline, Zürich, 19. April 2010
[48] tagesschau.de, Hamburg, 17. April 2010

*10 Tote bei einem Anschlag im Hospital; 16. April 2010*

Ein Selbstmordattentäter sprengte sich in einem Hospital in Quetta, im Südwesten Pakistans, in die Luft – mindestens zehn Menschen starben.[49]

*38 Tote bei Anschlag; 5. April 2010*

Bei einem Bombenanschlag in Timagarah im Nordwesten Pakistans sind mindestens 38 Menschen getötet und mehr als hundert verletzt worden. Die Bombe war bei einer Veranstaltung der paschtunischen Nationalistenpartei ANP explodiert.[50]

## 2009

*Bei Filmvorführung angegriffen; 9. Dezember 2009*

Die Christen Ishtiaq Bhatti, Imtiaz Ghauri und Kaleem Ghulam zeigten in ihrem Dorf einen Film über Jesus – dies auf dem Gelände der katholischen Kirche. Ein muslimischer Geistlicher wiegelte die Dorfbewohner auf. Die Angreifer beschädigten den Filmprojektor, verbrannten Filmrollen und suchten dann mit der Beschallungsanlage sowie der Kollekte das Weite. Die Polizei weigerte sich laut Compass Direct News, Ermittlungen gegen die mutmaßlichen Täter aufzunehmen.[51]

---

49 BBC, London, 16. April 2010

50 Deutsche Welle, Bonn, 5. April 2010

51 kath.net, Linz, 21. Dezember 2009

*Über 100 Tote nach Terror auch in Mumbai; 27. November 2009*

Bei mehreren Angriffen in der indischen Finanzmetropole Mumbai sind über hundert Personen getötet worden. Etwa 250 Personen wurden verletzt. Pakistanische Terroristen hatten zwei Hotels, einen Bahnhof sowie Hospitäler und auch einen Flughafen unter Beschuss genommen.[52]

*30 Tote nahe eines Armee-Stützpunkts; 2. November 2009*

Rund dreißig Menschen starben bei einem Attentat der Taliban in der Nähe eines Militärstützpunkts in Rawalpindi, dabei starben etliche Militärs und ältere Menschen.[53]

*Taliban nimmt 40 Soldaten als Geiseln; 12. Oktober 2009*

Ein Dutzend Taliban-Kämpfer drang ins Hauptquartier der pakistanischen Armee in der Garnisonsstadt Rawalpindi ein und nahm bis zu fünfzig Soldaten 22 Stunden lang als Geiseln. Bei der Befreiungsaktion starben neun Menschen. Während Pakistans Regierung behauptete, die Terroristen seien «einmal mehr zerschmettert» worden, war es in Tat und Wahrheit ein Stich ins Herz der Nation, und die Frage kam auf, wie sicher die Atomwaffen im Land seien.[54]

---

52 NZZOnline, Zürich, 27. November 2009
53 guardian.co.uk, London, 2. November 2009
54 WELT ONLINE, Berlin, Oktober 2009

*5 Tote bei Anschlag auf ein Büro des Welternährungsprogramms; 5. Oktober 2009*

Ein Selbstmordattentäter sprengte sich im Hochsicherheitsbereich in Islamabad, wo auch das WFP seine Zentrale hat, in die Luft, mindestens drei Menschen starben. Vorübergehend schloss das WFP all seine Büros im Land.[55]

*Bibeln verbrannt, 50 Motorräder beschlagnahmt; 16. September 2009*

Robert Fanish Masih, ein junger Arbeiter aus der Stadt Jathikai, wurde fälschlich der Blasphemie angeklagt. Der christliche Junge war mit einem islamischen Mädchen zusammen, was der islamischen Familie nicht passte. Und so wurde er schließlich der Blasphemie bezichtigt, was alsbald über die Lautsprecher der Moschee zu vernehmen war. Bald brannten die lokale Kirche und auch Bibeln, Christen wurden misshandelt, der Pastor wurde regelrecht aus dem Ort geprügelt. In der nahen Ortschaft Sialkot protestierten Christen gegen diesen Gewaltausbruch. Bald eröffnete die Polizei das Feuer auf sie, mehrere wurden verwundet und fünfzig Motorräder der Christen wurden von den Behörden beschlagnahmt. Es gab auch Muslime, die mit dem Geschehen nicht einverstanden waren, gerade auch deswegen, weil die Blasphemie-Anklage fälschlicherweise und nur aus persönlichem Interesse ausgesprochen worden war.[56]

---

55 SPIEGEL ONLINE, Hamburg, 5. Oktober 2009

56 CLAAS, Lahore, im Memorandum an die UNO, Dezember 2009

### *Kirche niedergebrannt; 1. August 2009*

Eine katholische Kirche in Faisalabad wurde um 17 Uhr angegriffen und niedergebrannt.[57]

### *Acht Christen in ihren Häusern verbrannt; 1. August 2009*

In Gojra, nahe Faisalabad, wurden Christen um 11 Uhr morgens von einem Mob angegriffen und beschuldigt, sie hätten den Koran erniedrigt. Rasch war die Lage außer Kontrolle, die Behörden schritten nicht ein, um ihre Bürger zu schützen. Straßen wurden blockiert, und bald erfolgte der Aufruf: «Wer Mohammed liebt: Kommt zusammen, um den Islam zu verteidigen, denn er ist in Gefahr!» Dann wurden die Häuser von Christen gestürmt, der Hausrat auf die Straße geworfen und angezündet, anschließend wurden die Häuser in Brand gesetzt. In weniger als einer halben Stunde brannten fünfzig Häuser.

Die Familie Hameed Masih konnte nicht entkommen. Hameed wurde in den Kopf geschossen, die anderen Familienmitglieder gefoltert, dann brannte das Haus lichterloh. Asma, Maya, Aasia, Parveen, Ikhlas und der vierjährige Musa starben. Zuletzt brannten hundert Häuser und drei Kirchen, allesamt komplett zerstört. Ein weiterer Mann starb an einer Herzattacke, als er von der Tragödie hörte.[58]

---

[57] CLAAS, Lahore, im Memorandum an die UNO, Dezember 2009

[58] CLAAS-Recherche vor Ort, Lahore, 1. August 2009, sowie zahlreiche Presseberichte

*47 Häuser christlicher Besitzer in Korian niedergebrannt; 30. Juli 2009*

In der Stadt Korian wurden 47 Häuser, deren Besitzer Christen waren, niedergebrannt. Dies nach einer falschen Blasphemie-Anklage gegen den Buben Imran Masih und seinen Vater Talib Masih. Talib arbeitete als Altwarensammler und räumte so auch altes Papier beiseite. Das Drama begann, als er ein Stück Papier heimbrachte, auf dem auch Verse aus dem Koran gedruckt waren. Ein paar muslimische Nachbarn hatten persönliche Probleme mit Talib, und so verkündeten sie nun, seine Enkelkinder hätten Seiten aus dem Koran herausgerissen. Diese Darstellung verbreitete sich wie ein Lauffeuer, und muslimische Geistliche hielten flammende Reden gegen die Christen. Es dauerte nicht lange, da hatten sich 800 Muslime zusammengerottet, mit Feuerwaffen und Sprengsätzen. «Tötet die Gotteslästerer», forderten die Geistlichen.

47 Häuser wurden niedergebrannt, noch tags darauf stieg Rauch aus den Trümmern auf. Zudem wurden zwei Kirchen angegriffen.[59]

*Frau 14 Jahre lang ohne Verfahren im Gefängnis; 23. Juli 2009*

Nach vierzehn Jahren Haft kam Zaibul Nisa frei. Die heute 60-jährige Frau war 1996 unter Blasphemie-Anklage inhaftiert worden und fast fünfzehn Jahre ohne Gerichtsverfahren im Gefängnis von Lahore festgehalten worden. Ihr war vor-

[59] CLAAS-Recherche vor Ort, Lahore, 31. Juli 2009, sowie zahlreiche Presseberichte

geworfen worden, den Koran verunehrt zu haben. Beweise wurden nie vorgelegt.[60]

*Häuser nach Blasphemie-Hetze niedergebrannt; 29. Juni 2009*

In Bhaminiwala attackierte ein Mob von rund 500 Muslimen die Häuser mehrerer Christen und zerstörte ihre Habe. Dies, nachdem über die Lautsprecher der Moschee behauptet worden war, dass Christen gegen den Islam gelästert hätten.[61]

*Angriff auf Sri Lankas Kricket-Team; 3. März 2009*

Bei einem Angriff auf die Kricket-Nationalmannschaft von Sri Lanka sind in Lahore mindestens acht Menschen getötet worden, sechs Polizisten und zwei Zivilisten. Maskierte hatten das Feuer auf den Mannschaftsbus eröffnet, mindestens sechs Spieler und ein Trainer wurden verletzt.[62]

*Reformierte Gemeinde angegriffen; 2. März 2009*

Im nordpakistanischen Dorf Sangu-Wali wurden die Christen der reformierten Gemeinde von Muslimen angegriffen und niedergeprügelt. Durch Schläge mit Bambusstöcken erlitt Shakeela Bibi (45) tödliche Verletzungen. Sechzehn Personen wurden verwundet. Motiv für den Überfall sind offenbar Rachegelüste eines Nachbarn der Christen. Waseem Butt trommelte Angehörige und Freunde zusammen, die in

---

[60] AsiaNews Online, Bangkok, 23. Juli 2009
[61] CLAAS, Lahore, im Memorandum an die UNO, Dezember 2009
[62] NZZOnline, Zürich, 3. März 2009

Gruppen von fünf bis fünfzehn Personen auf die Christen losgingen. Ein Christ hatte versucht, Butt und einen anderen Mann wegen Raub und versuchter Vergewaltigung anzuzeigen. Kurz nach dem Überfall wurden Waseem Butt und zwei weitere Verdächtige verhaftet. Der Witwer, Manzoor Masih, gab der Polizei über zehn Personen an, die am Überfall teilgenommen hatten. Darauf erhielt er Drohungen, und man bot ihm Geld an, falls er die Klage fallen lassen würde.[63]

*Scharia und Krieg im Swat-Tal; 16. Februar 2009*

Islamisches Recht ersetzt weltliches: Als Zugeständnis an die Taliban erlauben die pakistanischen Behörden Scharia-Gerichte im umkämpften Swat-Tal. Der Staat knickt vor den Fundamentalisten ein und lässt das islamische Rechtssystem der Scharia einführen.[64] Das Waffenstillstands-Abkommen, das auch die Wiedereinführung der Scharia beinhaltete, wurde gebrochen, kaum dass die Tinte unter dem Vertrag getrocknet war. Vergeblich hoffte die Regierung, den Taliban mit dem Scharia-Zugeständnis den Wind aus den Segeln zu nehmen. Die Aufständischen legten leider nicht die Waffen nieder, sondern rückten bis auf hundert Kilometer nach Islamabad vor. Mehrere tausend Menschen starben in den mehrwöchigen Kämpfen zwischen der Armee und den Taliban.[65]

---

[63] Compass Direct News, Santa Ana, 14. März 2009

[64] sueddeutsche.de, München, 16. Februar 2009

[65] n-tv.de, Köln, 7. Mai 2009

*Anklage wegen missliebiger Bilder; 14. Februar 2009*

Zwei christliche Krankenschwestern wurden fälschlich der Blasphemie bezichtigt; sie hätten Koranseiten in den Kehricht geworfen. Der wahre Grund war, dass Naseem und Sitra in ihren Zimmern Bilder von Jesus Christus und Maria aufgehängt hatten. Muslimische Schwestern störte dies. Die beiden Christinnen behielten die Bilder aber und ließen sich in der Gestaltung ihrer Zimmer nicht dreinreden. Deshalb folgte eine Blasphemie-Anklage.[66]

*Wegen «falscher Schrift» verhaftet; 28. Januar 2009*

Naveed Masih (17) und sein Bruder Shafiq Masih aus Badhomalihi wurden angezeigt, weil sie eine Schrift in der Tasche hatten, die ein Mitschüler als blasphemisch befand. Die Polizei verhaftete die Brüder. Ein Friedenskomitee sprach mit beiden Parteien, und mittlerweile sind die Brüder zurück in ihrer Ortschaft. Extreme trachten aber immer noch danach, die beiden entweder zum Islam zu konvertieren oder zu töten.[67]

---

[66] CLAAS, Lahore, im Memorandum an die UNO, Dezember 2009

[67] CLAAS, Lahore, im Memorandum an die UNO, Dezember 2009

*Mob greift nach Hetze eine christliche Familie an; 11. Oktober 2008*

Rukyia Masih arbeitet mit ihrem Mann in einer Ziegelei. Eines ihrer Kinder gerät mit einem muslimischen Jungen in einen Streit. Am gleichen Tag erscheint der mit seinem Vater Ilyas Khan, dessen Frau und einem Freund. Sie zerren Rukyia aus ihrem Haus und ziehen ihr auf einem öffentlichen Platz alle Kleider vom Leib. Ihr Mann zeigt die Täter an. Dieser droht, würde die Anzeige nicht zurückgezogen, würden Rukyias Töchter entführt und zur Prostitution gezwungen werden.

Das wirkt nicht, und so dreht Khan den Spieß um und erfindet einen Blasphemie-Vorfall. Rukyia wird verhaftet. Im Mai 2009 sitzen in der letzten Verhandlung fünfzig muslimische Würdenträger, um den Richter unter Druck zu setzen. Sie drohen außerdem, dass sie sich nicht darum kümmern würden, was das Gericht entscheidet, sie würden die Ehre des Islams wiederherstellen. Heute lebt die Familie Rukyias an einem versteckten, sicheren Ort.[68]

*Eingesperrt wegen angeblicher Lästerung; 8. Oktober 2008*

Die Polizei verhaftet zwei Christen, James Masih (65) und Butta Masih (70), in Faisalabad. Angeblich hatten sie Seiten aus dem Koran verbrannt. Sie wurden eingesperrt, obwohl der Ankläger die angebliche Tat nicht gesehen hatte.[69]

[68] HMK Deutschland, Uhldingen-Mühlhofen, August 2009
[69] CLAAS, Lahore, im Memorandum an die UNO, Dezember 2009

*Über 40 Tote bei Anschlag auf ein Hotel; 20. September 2008*

Bei einem Anschlag auf das Marriott-Hotel starben mehr als vierzig Menschen. Einem Selbstmordattentäter war es gelungen, in einem der größten und am besten gesicherten Hotels in Islamabad ein Blutbad anzurichten.[70]

*Asif Ali Zardari wird Präsident; 9. September 2008*

Der Politiker und Witwer von Benazir Bhutto wird zum Präsidenten Pakistans gewählt.

*Fünf Frauen lebendig begraben; August 2008*

Barbarische Ehrenmorde: Fünf Frauen wurden lebendig ins Grab geworfen – für das «Verbrechen», dass sie sich ihre Ehemänner selbst aussuchen wollten. Drei der Frauen waren noch Jugendliche. Zuerst sei auf die fünf geschossen worden, sie hätten noch geatmet, als man die Erde über sie schaufelte. «Das sind jahrhundertealte Traditionen, und ich werde sie weiter verteidigen», sagte der Abgeordnete Israr Ullah Zehri zur Nachrichtenagentur AP. «Nur wer sich der Unmoral hingibt, muss Angst haben.» Dieser Brauch helfe, Obszönitäten zu stoppen. Mehrere Abgeordnete protestierten. Schockiert gezeigt hatte sich auch die einstige Frauenministerin Nilofar Bakhtiar, die ein Gesetz gegen «Ehrenmorde» gefordert hatte. «Wir bewegen uns zum Ausgangspunkt zurück!»[71]

---

[70] FOCUS Online, München, 20. September 2009

[71] 20 minuten ONLINE, Zürich, 30. August 2008

*Zu lebenslanger Haft «begnadigt»; Juli 2008*

Zum Geburtstag der im Vorjahr ermordeten Oppositionsführerin Benazir Bhutto wurden 7000 zum Tode verurteilte Gefangene dahingehend begnadigt, dass ihre Strafe in lebenslange Haft umgewandelt wurde. Während «Amnesty International» bedauerte, dass davon nur rund ein Drittel der 24 000 zum Tode Verurteilten profitierten, widersprachen Mullahs entschieden, riefen zu Protesten auf und zogen vor Gericht, weil diese Begnadigung nicht islamisch sei und die Scharia-Gesetze nicht unterwandert werden dürften.[72]

*Ganzer Stadtteil angeklagt; 9. Mai 2008*

Gleich sämtliche Christen des Stadtteils Green Town (Lahore) wurden angezeigt, weil ein Pastor in einer Kirche Mohammed beleidigt haben soll. Die Christen waren in Furcht, weil in solchen Fällen leicht eine Hetzjagd entbrennt.[73]

*Hindu wegen angeblicher Blasphemie ermordet; 8. April 2008*

Jagdesh Kumar (27) wurde in einer Fabrik in Karatschi ermordet, weil er Blasphemie begangen haben soll. Laut manchen Aussagen hatte er eine Beziehung mit einer Muslimin, was die islamischen Mitarbeiter ärgerte, und so entschieden sie, ihm eine Lektion zu erteilen.[74]

---

72 THE SUNDAY TIMES, London, 4. Juli 2008

73 CLAAS, Lahore, im Memorandum an die UNO, Dezember 2009

74 CLAAS, Lahore, im Memorandum an die UNO, Dezember 2009

## 2007

*Politikerin Benazir Bhutto ermordet; 27. Dezember 2007*

Die beliebte Politikerin Benazir Bhutto war gerade aus dem Exil zurückgekehrt, um sich an den Wahlen im Januar 2008 als Oppositionsführerin zu beteiligen. Bereits von 1988 bis 1990 hatte sie – als erste Frau in der Geschichte Pakistans – an der Spitze des Landes gestanden. Nach Korruptionsvorwürfen war die Regierung aufgelöst worden. 1993 wurde Benazir Bhutto für drei Jahre wiedergewählt.

*Hunderte Frauen mit Säure übergossen; Jahr 2007*

Weil man ihnen die Würde nehmen will, werden immer wieder Frauen mit Säure übergossen, 2007 geschah dies im Schnitt alle zwei Tage einmal – und zum Teil noch häufiger. In wenigen Sekunden verlieren die Frauen ihr Gesicht und sind fürs ganze Leben entstellt. Der häufigste Grund ist «verschmähte Liebe» – im Klartext: Die Frau verweigert sich der Zwangsheirat. Rund dreihundert Frauen starben nach diesen Verbrechen im Namen der «Ehre». Die Hilfsorganisation «Depilex Smileagain Foundation» kümmert sich um die Opfer.[75]

*Musharraf ruft den Notstand aus; 4. November 2007*

Präsident Musharraf löst das Parlament auf und setzt die Verfassung außer Kraft.[76] Die anstehenden Wahlen werden ausgesetzt, Fernsehen und Medien zensiert.

---

[75] The Sydney Morning Herald, Sydney, 13. April 2008

*Mordversuch an «Lästerer»; 13. April 2007*

Sattar Masih (29) aus Kotri wurde angezeigt, weil er Blasphemie begangen haben soll. Ein Imam, Maulvi Umer, sagte, er habe Zettel mit lästerlichen Worten gegen Mohammed vor der Tür gefunden. Umgehend griff eine Meute Sattars Haus an, mit dem Ziel, ihn zu töten, was die Polizei gerade noch verhindern konnte. Sattar musste bis im Januar 2009 im Gefängnis bleiben, danach kam er frei, das Gericht befand die Anschuldigungen als haltlos.[77]

*«Lästerer»-Häuser geplündert; 1. April 2007*

Salamat Masih (41), sein Sohn Rashid sowie die Verwandten Ishfaq, Saba und Dao Masih wurden bezichtigt, sie hätten den Islam gelästert. Darauf plünderten achtzig junge Muslime die Häuser von Christen, die in der Nachbarschaft lebten.[78]

## 2006 bis 2003

*Mob greift Kirche an; 3. Februar 2006*

Eine Gruppe von rund zwanzig Frauen und ein paar Männern, bewaffnet mit Gewehren und Eisenstangen, drang in die christliche Siedlung Kawanlit ein. Der Mob griff eine katholische Kirche an, zerstörte Bücher und den Altar. Dabei wur-

---

[76] derStandard.at, Wien, 4. November 2007

[77] CLAAS, Lahore, im Memorandum an die UNO, Dezember 2009

[78] CLAAS, Lahore, im Memorandum an die UNO, Dezember 2009

den Saleema Bibi (50) und Veero Bibi (70) schwer verwundet. Die Polizei nahm den Fall nicht auf.[79]

*Angeklagter durfte fliehen; 24. Oktober 2005*

Die Polizei sah zu, wie der einer Vergewaltigung verdächtigte Muhammad Kashif aus dem Gerichtssaal in Faisalabad floh, gleich nachdem der Antrag auf Kaution abgelehnt worden war. Kashif und ein anderer Mann waren angeklagt, Ribqa Masih vergewaltigt und mit dem Tod bedroht zu haben, sollte sie nicht zum Islam konvertieren. Die Kaution wurde verweigert, weil der Untersuchungsbeamte Muhammad Aslam dem Richter gesagt hatte: «Polizeihauptkommissar Rana Tauqeer Hayat, der die Untersuchung des Falles durchführte, hat die Angeklagten für schuldig befunden.»[80]

*Flucht trotz Unschuld; September 2005*

Yousaf Masih aus Sangla Hill wurde wegen angeblicher Blasphemie eingesperrt, mehrere Häuser christlicher Besitzer wurden niedergebrannt. Mohammad Saleem Kalu, der Ankläger, hielt später schriftlich fest, dass Yousaf Masih unschuldig ist. Dennoch musste Yousaf im Verborgenen bleiben, da Extremisten ihn weiterhin für schuldig befanden.[81]

---

[79] CLAAS, Lahore, im Memorandum an die UNO, Dezember 2009

[80] Compass Direct News, zitiert von HMK Schweiz, Thun, Februar 2006

[81] CLAAS, Lahore, im Memorandum an die UNO, Dezember 2009

*Tote nach Cartoon-Streit; 2005*

Rund 60 000 Muslime warfen in Peschawar mit Steinen auf eine katholische Kirche und zerstörten christliche Institutionen, darunter eine christliche Schule, ein Mädchen-College und ein Hospital. Zwei Personen starben, sechzig wurden verletzt. Dies aus Protest gegen die in Dänemark publizierten Karikaturen (wobei die meisten der Protestierenden wohl nicht wussten, wo Dänemark überhaupt liegt).

In Kasur attackierten am 17. Februar nach dem Freitagsgebet Tausende eine christliche Mädchenschule der Presbyterkirche. Fünfhundert Studenten flüchteten. Am 10. Februar brannte ein Mob, angeführt von Imamen, zwei Kirchen und eine Schule in Sukkur nieder. Achthundert Bibeln und Liederbücher wurden zerstört, zwei Motorräder und das Haus von Pastor Ilyas Saeed Masih. Ein kleinerer Mob brannte eine weitere Kirche nieder, dabei wurden ebenfalls Bibeln und Liederbücher zerstört, und auch hier wurde eine Schule angegriffen und Einrichtungsgegenstände und Schulbücher verbrannt.[82]

*«Konvertierungs-Attacke» gegen Sänger; 18. Februar 2005*

Sechs Männer hielten den bekannten christlichen Sänger A. Nayyar in Lahore an. Sie prügelten auf ihn ein und forderten, dass er das Kalma-e-Tayyaba spricht, das islamische Glaubensbekenntnis. Der Sänger, der auch unter Muslimen populär ist, zog den Fall nicht vors Gericht.[83]

---

[82] CLAAS, Lahore, im Memorandum an die UNO, Dezember 2009
[83] CLAAS, Lahore, im Memorandum an die UNO, Dezember 2009

*Polizist tötet «Lästerer» mit Hammer; 24. Mai 2004*

Die Polizei verhaftete Samuel Masih, weil er gegen die Wand einer Moschee gespuckt haben soll. Im Gefängnis erkrankte er an Tuberkulose, und so wurde er ins Gulab-Devi-Hospital in Lahore gebracht. Dort erschlug ein Polizist den Kranken mit einem Hammer – anschließend gab er zu Protokoll, dass es seine Aufgabe als Muslim gewesen sei, Samuel zu töten.[84]

*Stelle verloren wegen Anklage; 20. November 2003*

Anwar Masih aus Shahdara stritt sich mit einem Nachbarn, der ihn in der Folge wegen Blasphemie anklagte. Ein Jahr später, Ende Dezember 2004, wurde er freigesprochen. Im August 2005 fand Anwar eine Stelle in einer Fabrik. Aus dieser wurde er im November 2007 wieder entlassen, nachdem der Inhaber entdeckte, dass er einen «Gotteslästerer» eingestellt hatte.[85]

## 1999 bis 1991

*Dritte Militärdiktatur: Pervez Musharraf kommt an die Macht; 12. Oktober 1999*

In einem militärischen, unblutigen Putsch übernimmt Pervez Musharraf die Aufgabe, von da an die Geschicke Pakistans zu leiten.

---

[84] CLAAS, Lahore, im Memorandum an die UNO, Dezember 2009
[85] CLAAS, Lahore, im Memorandum an die UNO, Dezember 2009

*Vierter Indisch-Pakistanischer Krieg: dritter Kaschmirkrieg; 26. Mai bis 14. Juli 1999*

Bei Kampfhandlungen an der Grenze starben vermutlich mehr als sechshundert Menschen. Bis heute ist die Kaschmirfrage ungelöst. Neben Pakistan und Indien strebt auch China nach dem Gebiet im Himalaya, während Separatisten gerne ein unabhängiges Kaschmir sehen würden.

*Richter umgebracht; Oktober 1997*

Richter Arif Iqbal Bhatti wurde ermordet, nachdem er Rehmat und Salmat Masih in einem Blasphemie-Fall freigesprochen hatte. Fanatiker versuchen mehr und mehr, das Gesetz mit diesen Paragraphen in die eigene Hand zu nehmen.[86]

*Tausende Häuser christlicher Besitzer abgebrannt; 5. und 6. Februar 1997*

Drei christliche Gemeinden in Shanti Nagar wurden nach Aufwiegelungen in lokalen Moscheen angegriffen. Rund 20 000 Muslime beteiligten sich an der Hetze, mehrere tausend Häuser christlicher Besitzer wurden zerstört und niedergebrannt. Religiöse Führer behaupteten, es seien Koranseiten verbrannt worden. Die Trümmer brannten noch, als CLAAS-Mitarbeiter eintrafen.[87]

---

[86] CLAAS, Lahore, im Memorandum an die UNO, Dezember 2009

[87] CLAAS-Recherche vor Ort, Lahore, 1. August 2009, sowie zahlreiche Presseberichte

*Angeblich «Satanische Verse» gelesen; 14. Oktober 1996*

Der christliche Arbeiter Ayub Masih wurde eingesperrt, weil sein Nachbar aussagte, Ayub habe ihn eingeladen, Christ zu werden, außerdem habe dieser aus Salman Rushdies *Satanischen Versen* gelesen. 1998 wurde Ayub zum Tod verurteilt, 2002 folgte der Freispruch.[88]

*Im Gerichtsgebäude ermordet; Mai 1993*

Salmat Masih (12), Manzoor Masih (37) und Rehmat Masih (42) aus Ratta Dhotran wurden angeklagt, weil sie abfällige Bemerkungen über Mohammed an die Wand einer Moschee geschrieben haben sollen – obwohl die drei Analphabeten waren. Manzoor wurde im Gerichtsgebäude von Extremisten ermordet. Die beiden anderen wurden freigesprochen.[89]

*Konvertit ermordet; Juli 1992*

Tahir Iqbal, ein Christ, der zum Islam konvertierte, wurde anno 1990 über die Lautsprecher der Moschee verurteilt – er habe Mohammed geschmäht, hieß es. Er wurde schließlich am 21. Juli 1992 in der Obhut der Polizei vergiftet.[90]

---

[88] CLAAS, Open Doors

[89] CLAAS, Lahore, im Memorandum an die UNO, Dezember 2009

[90] CLAAS, Lahore, im Memorandum an die UNO, Dezember 2009

*Lehrer geköpft; 6. Januar 1992*

Der christliche Lehrer Naimat Ahmar wurde von einem muslimischen Militanten ermordet. Farooq Ahmad erstach ihn und schnitt ihm den Kopf ab. Dies, weil über Ahmar gesagt wurde, er habe den Islam beleidigt. Indem er einen Lästerer getötet habe, habe er nun einen Platz im Paradies gewonnen, schilderte der Täter Farooq. Naimat hinterließ eine Frau und vier Kinder.[91]

*Zum Tode verurteilt; 10. Dezember 1991*

Gul Masih aus Sargodha wurde zum Tod verurteilt, weil er frevlerisch über Mohammed und seine Frauen gesprochen habe. In Tat und Wahrheit ging es um eine Auseinandersetzung über die Reparatur eines Wasserhahns. Vorgeworfen wurde Masih, er habe zum Ankläger gesagt, dass er gelesen habe, dass Mohammed elf Frauen inklusive einer Minderjährigen gehabt habe. Jahre später wurde er freigesprochen, erhielt aber immer noch Todesdrohungen; heute lebt er in Deutschland im Asyl.[92]

---

[91] CLAAS, Lahore, im Memorandum an die UNO, Dezember 2009

[92] CLAAS, Lahore, im Memorandum an die UNO, Dezember 2009

## 1977 bis 1947

*Zweite Militärdiktatur: Mohammed Zia ul-Haq leitet Islamisierung ein; 5. Juli 1977*

Kurz nach der Machtübernahme führte Zia ul-Haq die Scharia ein. Seinen populären Vorgänger, Premierminister Zulfikar Ali Bhutto, ließ er 1979 hinrichten.

*Dritter Indisch-Pakistanischer Krieg: Pakistan verliert Bangladesch; März bis 16. Dezember 1971*

Etliche Gründe führten dazu, dass sich Bangladesch aus Pakistan herauslöste. Dies in einem Krieg, der rund zehn Monate dauerte und in dem sich Indien auf die Seite Bangladeschs stellte. Zuletzt siegte Ostpakistan, das sich von da an Bangladesch nannte. Angaben über die Zahl der Opfer gehen weit auseinander. Die Spanne reicht von mehreren Hunderttausend bis drei Millionen.

*Machtübernahme durch Yahya Khan; 25. März 1969*

Ayub Khan konnte die politischen Probleme nicht lösen; insbesondere Ostpakistan (heute Bangladesch) war bereits seit langem unzufrieden, weil es sich auch durch die geographische Distanz benachteiligt sah.

*Zweiter Indisch-Pakistanischer Krieg: zweiter Kaschmirkrieg; Januar bis 23. September 1965*

Pakistan glaubte Indien geschwächt, da dieses wenige Jahre zuvor in einen Waffengang mit China verwickelt gewesen war. Im Glauben, Kaschmir nun annektieren zu können, entflammte zuletzt ein offener Krieg mit rund 7000 Toten.

*Erste Militärdiktatur: unblutiger Staatsstreich; 27. Oktober 1958*

In einem unblutigen Staatsstreich löst Muhammed Ayub Khan den amtierenden Präsidenten Iskander Mirza ab.

*Erster Indisch-Pakistanischer Krieg: erster Kaschmirkrieg; Oktober 1947 bis Januar 1949*

Nachdem Pakistan unabhängig war, wurde auch Kaschmir eigenständig. Nach zwei Monaten aber drangen Einheiten aus Pakistan ein, um Kaschmir zu annektieren. Indien eilte zu Hilfe. Zuletzt einigte man sich in einem Waffenstillstandsvertrag darauf, dass zwei Drittel zu Indien und ein Drittel zu Pakistan gehören. Rund 8000 Menschen sollen in den Kämpfen ihr Leben verloren haben.

*Staatsgründung: 14. August 1947*

Nachdem lange über eine Abspaltung der muslimischen Landesteile debattiert worden war, wurde der Staat Pakistan ausgerufen. Etwa vier Millionen Muslime verließen Britisch-Indien, etwa sieben Millionen Hindus und Sikhs wanderten vom neugegründeten Pakistan nach Indien aus. Bei Übergriffen und den Strapazen der Flucht sollen bis zu eine Million Menschen umgekommen sein.

# Anhang 1

Das Blasphemie-Gesetz im englischen Original; die englische Sprache ist neben Urdu Amtssprache in Pakistan, das sich 1947 aus Britisch-Indien herauslöste.

**Section 295 PPC – Injuring or defiling of place of worship, with intent to insult the religion of any class:** Whoever destroys, damages or defiles any place of worship, or any object held sacred by any class of persons with the intention of thereby insulting the religion of any class or persons or with the knowledge that any class of persons is likely to consider such destruction, damage or defilement as an insult to their religion shall be punished with imprisonment of either description for a term which may extend to two years, or with fine, or with both.

**Section 295-A PPC – Deliberate and malicious acts intended to outrage religious feelings of any class by insulting its religion or religious beliefs:** Whoever, with deliberate and malicious intention of outraging the religious feelings, of any class of the citizens of Pakistan, by words, either spoken or written or by visible representations insults or attempts to insult the religion or religious beliefs of that class, shall be punished with imprisonment of either description for a term which may extend ten years, or with fine, or with both.

**Section 295-B PPC – Defiling, etc., of copy of Holy Quran:** Whoever wilfully defiles, damages or desecrates a copy of the Holy Quran or of an extract therefrom or uses it in any derogatory manner or for any unlawful purpose shall be punished with imprisonment for life.

**Section 295-C PPC – Use of derogatory remark, etc., in respect of the Holy Prophet:** Whoever, by words, either spoken, or written or by visible representation or by any imputation, innuendo, directly or indirectly, defiles the sacred name of the holy Prophet Muhammad (Peace Be Upon Him) shall be punished with death, or imprisonment for life, and shall be also liable to fine.

**Section 296 PPC – Disturbing religious assembly:** Whoever voluntarily causes disturbance to any assembly lawfully engaged in the performance of religious worship, or religious ceremonies, shall be punished with imprisonment of either description for a term which may extend to one year, or with fine, or with both.

**Section 297 PPC – Trespassing on burial place, etc.:** Whoever, with the intention of wounding the feelings of any person, or of insulting the religion of any person, or with the knowledge that the feelings of any person is likely to be insulted thereby, commits any trespass in any place of worship or on any place of sepulture, or any place set apart for the performance of funeral rites or as a depository for the remains of the dead, or offers any indignity to any human corpse, or causes disturbance to any person assembled for the performance of funeral ceremonies, shall be punished with imprisonment of either description for a term which may extend to one year, or with fine, or with both.

**Section 298-A PPC – Uttering words, etc., with deliberate intent to wound religious feelings:** Whoever, by words, either spoken or written, or by visible representation, or by any imputation, innuendo or insinuation, directly or indirectly, defiles the sacred name of any wife (Ummul Mumineen), or members of the family (Ahle-bait), of the Holy Prophet (Peace Be Upon Him), or any of the righteous Caliphs (Khulafa-e-Raashideen) or companions (Sahaaba) of the Holy Prophet (Peace Be Upon Him) shall be punished with imprisonment of either description for a term which may extend to three years, or with fine, or with both.

**Section 298-B PPC – Misuse of epithets, descriptions and titles, etc., reserved for certain holy personages or places:** (1) Any person of the Qadiani group or the Lahori group (who call themselves «Ahmadis» or by any other name) who by words, either spoken or written, or by visible representation: (a) refers to, or addresses, any person, other than a Caliph or companion of the Holy Prophet Muhammad (Peace Be Upon Him) as «Ameer-ul-Mumineen», «Khilafat-ul-Mumineen», «Khilafat-ul-Muslimeen», «Sahaabi», or «Razi Allah Anho»; (b) refers to, or addresses, any person, other than a wife of the Holy Prophet Muhammad (Peace Be Upon Him), as «Ummul-Mumineen»; (c) refers to, or addresses, any person, other than a member of the family of the Holy Prophet Muhammad (Peace Be Upon Him), as «Ahle-bait»; (d) refers to, or names, or calls, his place of worship as «Masjid»; shall be punished with imprisonment of either description for a term which may extend to three years, and shall also be liable to a fine. (2) Any person of the Qadiani group or the Lahori group (who call themselves «Ahmadis» or by any other name) who by words, either spoken or written, or by visible representation, refers to the mode or the form of call to prayers followed by his faith as «Azan» or recites Azan as used by the Muslims, shall be punished with imprisonment of either description for a term which may extend to three years and shall also be liable to fine.

**Section 298-C PPC – Person of Qadiani group, etc., calling himself a Muslim or preaching or propagating his faith:** Any person of the Qadiani group or the Lahori group (who call themselves «Ahmadis» or by any other name) who, directly, or indirectly, poses himself as a Muslim, or calls, or refers to, his faith as Islam, or preaches or propagates his faith, or invites others to accept his faith, by words, either spoken or written, or by visible representations, or in any manner whatsoever outrages the religious feelings of Muslims shall be punished with imprisonment of either description for a term which may extend to three years and shall also be liable to fine.

# Anhang 2

## Adressen

*CLAAS*

CENTER FOR LEGAL AID ASSISTANCE & SETTLEMENT – PAKISTAN
M. A. Joseph Francis
National Director CLAAS
31-Katcha Ferozepur Road
Mozang Chungi Lahore
Pakistan
Tel: +92 42 758 1720
Fax: +92 42 759 1571
E-Mail: info@claasfamily.com
claas@brain.net.pk
Web-Site: www.claasfamily.com

CLAAS INTERNATIONAL – UK
Mr. Nasir Saeed
Coordinator CLAAS
P.O. Box 81
Southall
Middlesex
UB2 5YQ,
United Kingdom (England)
Tel 1: +44 (0) 845 3670567
Tel 2: +44 (0) 208 8679180
Fax: +44 (0) 20 85713499
E-Mail: info@claas.co.uk
Web-Site: www.claas.org.uk